長沼史宏
NAGANUMA Fumihiro

1500人が
学んだ
PRメソッド

先読み広報術

宣伝会議

はじめに

「今月から広報を担当することになりました！　よろしくお願いします」
ここ数年、若いビジネスパーソンの皆さんから、こんな連絡を頂戴する機会が非常に増えています。

十数年ほど前まで、「広報」は組織の中でマイナーな存在であり、知る人ぞ知る仕事だったと思います。広報活動に積極的に取り組む企業や団体は、かつてはそれほど多くはありませんでした。良い仕事をしていればいつか気づいてもらえ、評価されるはず。謙虚さを重んじる国民性から、ビジネスでの〝自己ＰＲ〟は日本人にはあまり向いていないと思われていました。

それが、新進気鋭の起業家が立ち上げたスタートアップを中心に、最近では中小企業においても、前のめりになって広報活動に取り組む企業や団体が増えています。海外で急成長を遂げたユニコーンやメガベンチャー、国内でも広報を重要視する著名な経営者の発言などにも触発されて、このムーブメントは日に日に大きくなっているのではないでしょうか。この書籍を手に取った皆さんの中には、会社の方針で急に広報担当に任命されたという方もいるかもしれません。

頼れる広報の先輩が足りない

私は、知る人ぞ知る仕事であったころから広報に携わってきたので、仲間が増えている近年の傾向はとてもうれしく、歓迎の気持ちで一杯です。一方で、新任広報の皆さんと話していて気の毒に感じることもあります。それは、かつての私のように、身近に広報の良き先輩がいない中、手探りで苦悩している広報担当者も増えていること。これは、広報職全体にとって最大のウィークポイントです。

広報を除いた総務／人事／経理／法務などのスタッフ系の部門には歴史があり、長い年月をかけて業界やビジネスモデル、組織の慣習などに応じた独自のノウハウを蓄積しながら進化を続けています。それと同時に各社にはレジェンド的な熟練者（スペシャリスト）がいて、後進の育成も継続的に行われています。

広報職の歴史はまだ浅いので、多くの広報スタッフを揃えている組織は大企業などに限られています。いわゆる「ひとり広報」「兼任広報」の方も多くいることでしょう。私たちの身近には、頼れる先輩である広報のスペシャリストや指導者が足りないのです。

私が広報担当に着任したのは２００４年12月。この時は電子部品を手がける企業に所属していましたが、経営体制の刷新に伴って広報に力を入れていくことに。私は素人同然で配属されましたが、身近に経験豊富な広報のスペシャリストがいたわけではありません。経営者に発破をかけられながら、上司と一緒になって暗中模索の日々。色んな試行錯誤を重ね、時には遠回りもしながら経験知を高めてきました。

振り返ってみれば遠回りも良い経験なのですが、いつまでも時間のかかる育成方法のままでは広報職全体の発展につながっていきません。次代を担う若き広報担当の皆さんには、他のスタッフ系の部門と同じように良き先輩の指導のもとで、すくすくと育っていってほしいと思っています。

１５００人超が参加した勉強会のノウハウを凝縮

２０１７年1月に「広報勉強会＠イフラボ」という勉強会を発足させ、いままでに１５００人以上の広報担当の皆さんに講義をしてきました。私が駆け出しのころの苦労や遠回りしてきた実体験を、私と出会った皆さんにはショートカットしてほしい。そして、将来的には私よりももっと高い次元で活躍できる広報担当者になってほしい。身近に経験豊富な広報のスペシャリストがいなくても、その役割は私が担えればという思いでスタートさせた勉強会です。

この書籍には、イフラボの講義でお伝えしてきたことをギュッと圧縮しています。インハウスの広報担当として、３つの事業会社で約20年の間に蓄積してきた私の広報ノウハウをまとめました。新任・ベテラン問わず、広報を志す幅広い業界の皆さんのスキルアップのお役に立つことができればうれしいです。そして何よりも、身近に広報の良き先輩がいない環境で日々奮闘されている皆さんの良き伴走者、パートナーのような存在になれればと思っています。

私が皆さんにお伝えしたいテーマは、「〝お茶の間〟にもリーチする！　露出戦略から逆算した話題づくり」です。その時（瞬間）、メディアが関心を抱いているテーマを〝先読み〟する広報術（思考回路）を身につければ、全国紙やテレビで取り上げられるような〝お茶の間にリーチする〟話題づくりが可能になる。創業間もないベンチャーだろうと、中小企業だろうと、会社の規模や歴史は関係ありません。広報担当がメディアの関心テーマを〝先読み〟できるかどうかが重要なのです。

この書籍では「先読み広報術」と題して、以下の構成で具体的な手順や手法と、明日からすぐに実践できるノウハウを紹介していきます。また、巻末付録として、若手広報の皆さんからの30の質問に答えていますのでそこから読み始めてもいいでしょう。

各章で扱うテーマ

1. どんな話題が報道されやすいのか
2. メディアの思考や行動を先読みする方法
3. メディアに取材してもらうためのアプローチ
4. プレスリリースのつくり方と届け方

5．露出効果を増幅させるオウンドメディア・SNS運用
6．誰からも頼られる広報部門へステージアップする

ちょっとしたコツと機転で取材依頼が来る

2020年以降のコロナ禍によって、私たちを取り巻く環境は大きく変化しました。メディアが新型コロナウイルス関連の話題にしか興味を示さない時期もあったので、狭き門を突破するには本質的なネタの企画力が問われることにもなりました。そもそも、メディアはどんな話題を待っているのか？ テレビ局にはどんな見せ場が必要か？ その時々の旬に合わせることで報道価値が高まるメカニズムとは……。

メディアの気持ちや行動特性から考える〝先読み広報術〟で、露出戦略から逆算した話題づくりができれば、どんな局面であっても、見知らぬ記者から「ぜひ取材させてください！」という連絡が来るものです。

なお、本書では「あざとい広報（を目指そう）」といった表現がいくつか出てきます。その

意図について説明しておきます。

一般的に「あざとい」は「小利口な」「ずるい」「抜け目ない」といった意味合いでネガティブなニュアンスを含んでいますが、使われ方は少しずつ変わってきています。「あざとかわいい」という言葉を聞いたことがある方もいるでしょう。最近では、恋愛をテーマにしたテレビ番組などをきっかけに、自分を最大限かわいく（カッコよく）見せる方法を知り尽くした、計算ずくながらちょっと憎めないようなニュアンスで語られることもあります。

広報でも、メディアから自社の話題の報道価値を正当に評価してもらい、ポジティブな露出を増やしていくためには、ちょっとしたコツと機転が必要。それは、承認欲求を満たすための「自己PR」「自社PR」とは異なります。メディアの興味を掻き立てる「あざとさ」は、先読みができる広報の第一歩と考えています。

この書籍では、私の20年間にわたるキャリアの中で見出した、いままで誰も教えてくれなかった広報・報道のメカニズムをお伝えし、お茶の間にもリーチする話題づくりの極意を紹介していきます。行き当たりばったりな情報発信から卒業して、あらゆる時代・業界・シーンに対応できる広報のスペシャリストとして巣立っていくことを願っています。

先読み広報術　1500人が学んだPRメソッド　目次

第1章

広報発、お茶の間にリーチする話題はこうつくる

第2章

広報の基本はメディアの行動原則を知ることから

第3章

中小企業にも地方にも取材が来る、記者へのアプローチ

第4章

つくり方から届け方までプレスリリース完全攻略

第5章

メディア露出の効果を最大化　自社サイト、SNS活用法

第6章
小さな成果を積み重ねる広報レベルアップ術

第1章

広報発、お茶の間にリーチする話題はこうつくる

露出力に勝る広告、お墨付きを得るための広報

広報活動に関わるすべての方に、まず正しく理解してほしいことは、広告と広報の違いです。私たちは日ごろ、テレビや新聞、ネットメディアなどを通じて様々なコンテンツを目にしていますが、その制作過程や関係する人々の動きの違いで考えると、広告とそれ以外とに分けることができます。

「広告」は、企業などのスポンサー（広告主）から依頼を受けてメディアが配信しています。テレビCMや新聞・雑誌に掲載されている純広告や記事広告が代表例で、スポンサーの宣伝になるように制作・編集されています。この場合、スポンサーは、放映時間や紙面の面積に応じた対価を支払うのでメディアにとってのクライアントとなり、広告ビジネスの収益源となります。

「それ以外」とは、メディアにとってのメインコンテンツである記事や番組などを指します。読者や視聴者の関心事を、メディアがコンテンツ化します。そのひとつが報道であり、いか

に取り上げてもらえるかは広報担当者の腕の見せどころです。

広報とは、テレビのニュースや新聞・雑誌の記事などの〝報道〟で、自分たちのことを取り上げてもらうための活動です。報道はメディアが自主的に話題を選んで制作しています。メディア（記者）に興味を持ってもらえるようなニュースバリューの高い話題を考えて働きかけます。

相応の費用はかかりますが、自分たちが発信したいメッセージを自由に設定でき、出したいタイミングに、幅広く配信ができるのが広告。メディアが興味を持っているテーマに寄り添いながら話題を届けていくのが広報。このように制作過程やメディアとの関係性に大きな違いがあるので、規模の大きな企業になると、広告（宣伝）と広報の担当部署は別になるケースが多くなります。

こうして考えると、自分たちが届けたいメッセージを自由に発信できる広告のほうが断然効果的だと感じる方がいるかもしれません。もしその論理が成立するのであれば、広報は無用の長物となりますが、果たしてそうでしょうか。

広報活動におけるターゲットである報道コンテンツには客観性が担保されていて、メディアが見聞きして確認した物事や感じたことが報じられます。誰にも支配されない第三者の視点によって制作されるために、メディアのお墨付きが獲得できるような効果があることが報道の特徴です。広告は自分たちが伝えたいメッセージを自由に社会に発信することができますが、客観性が担保されていないためにこの効果の恩恵を受けることができません。

ニュース番組（情報番組やバラエティ番組を含む）や新聞報道で取り上げられると、商品の販売が急増したり問い合わせが殺到したりすることが時折起こります。いままでにも、納豆やココアが売り切れて店頭から消えるようなことがありましたが、こうした購買行動のトリガーは広告ではなく報道であることがほとんどです。

もちろん、広告も大量に投下することで認知度を高めることや、発信したいメッセージを幅広い層に届けることが可能なので、企業のプロモーション活動に拍車をかけることができます。広告のメリットはタイミングや露出量がコントロールできることです。露出が増えるタイミングに合わせて店頭に多く商品を並べたり、問い合わせ対応を強化したりすることができます。一方、広報で露出量やメッセージを企業の思い通りにコントロールすることはできません。

このように一長一短があるので、一定規模の予算がある場合には、広告と広報を両輪として戦略的に展開していくことも重要です。

取材したいと思ってもらうにはコツがある

この書籍のテーマである広報について、もう少し深く追求していきましょう。私の広報勉強会の参加者で広報初心者の方からは、こんな質問をされることがよくあります。

「プレスリリースを何度メディアに送っても反応がありません。やっぱり大手企業じゃないとリリースは見てもらうことができず、報道につながることはないのでしょうか?」

メディアに取り上げてもらうことは本当に大変なことですよね。特にキー局や全国紙などの大手メディアだと報道枠に余裕がありませんし、社会全体への影響が大きい政治や大企業の活動にフォーカスされがちです。広報活動によって日々発信される話題の量に対してメディアの報道枠が圧倒的に少ないので、非常に激戦になっています。記者クラブに行くと、メディア各社のボックスには大量のプレスリリースが積み上げられていますが、残念ながらそのほとんどは報道されることなく廃棄されています。

そのため、広報経験が浅いうちは、プレスリリースを記者クラブに投函したり、知り合いの記者にメールで届けたりしても鳴かず飛ばずであることが多いと思います。リリースを出せば報道してもらえる、テレビにも出ることができる、と社長や上司から広報に対して過度な期待を寄せられてしまうと、我々の立場はどんどん辛いものになってきてしまいます。

ただ、原点に立ち返って考えれば、これは当然のことです。広報活動のターゲットとなる報道コンテンツでは、メディアが選んだ話題だけが紹介されます。つまり数ある世の中の話題から、メディアの関心テーマに合致した、ごく一部の事象だけが報道されるのです。

狭き門であるという説明を聞いて「やっぱり報道してもらうことは、雲をつかむような仕事なのか」とあきらめかけている方がいるかもしれませんが、決してそうではありません。この書籍では、狭き門を突破するためのノウハウとして、

・メディアはどんな話題をどういうタイミングで探しているのか
・どうすればメディアの関心テーマを先読みした広報活動ができるのか

などを紹介していきます。メディアに取材したいと思ってもらうためにはちょっとしたコツがあり、それを体得している広報担当がいる企業は、規模の大小にかかわらず露出頻度が高くなります。

これから順を追って、広報活動での勝率を高めるためのノウハウとコツを説明していきますので、皆さんが手がける広報活動の価値をより高めるためにご活用ください。プレスリリースに対する問い合わせがない状況からの脱却もできるはずです。

第三者目線で自社を見渡すクールなハート

皆さんは、自社の思いをそのままメディアに伝えていませんか？

報道コンテンツは客観性が担保され、視聴者や読者にとって役立つ情報に仕上げられます。そのため、自分たちの一方的な思いや企業の宣伝トークが前面に出ると、常にニュートラルでクールなメディアのハートには響きません。メディアに届ける話題を考える時には、まずは私たち広報担当がニュートラルな視点とクールなハートを持っていなければならないのです。実に多くの広報初心者が、この部分でつまずいていると感じます。

ニュートラルな姿勢というのは、会社の価値観に縛られることのない状態。会社の思いに引きずられていては、自分たちの思いを伝えるだけの広報に陥ってしまい、メディアの関心テーマから乖離した報道しようのないネタを届けることになります。メディアのワークフローを理解し、有益なネタ元と認識されるような広報担当でなければ、記者（メディア）の気持ちはどんどん離れていくものです。

有益なネタ元になるためには、記者の行動特性や話題に対するニーズへの理解を深めることが必要で、メディアのニーズから逆算したあざとい話題づくりを実現するアンテナ（感性）の精度が問われてきます。したがって、この感性を研ぎ澄ますためにも、私たち自身が会社の価値観に染まり切らずに、どんな局面でもメディアと同じようにニュートラルでクールなハートを貫かなければなりません。これは、「先読み」ができる広報になるための必要条件といえます。

ニュートラルでクールなハートを実現する上での広報担当の理想的なスタンスは、片足は社内、もう片足は社外に置いておくイメージです。社会やメディアの関心テーマを感じることができるようにするためには、会社の価値観に染まりきらずに適度な距離感を維持することが大切です。自分が記者であるかのような視点で、あえて少し冷めた目で会社の中を見返すことを心がけましょう。

会社の価値観に縛られずにクールなハートで考えることができるようになると、事業部門から上がってくる話題やネタに対して、その報道バリューを冷静に推し量れるようになってきます。そして、次のような示唆がピンポイントでできるようになります。

「○○の要素があると報道される可能性がより高まりますが検討可能ですか？」
「○○よりもメディアや社会や業界にとっては△△のほうがホットなテーマなので、すこし文脈を調整してみませんか？」

慣れてくると見た瞬間にネタの良し悪しが判断できるようになり、報道してもらうための必要十分条件が見えるようになってきます。広報担当としての存在価値が高まってくると、「その内容ではメディアの関心度はゼロです。ニュースバリューを高めるために○○などの情報も準備可能ですか？」と毅然とした態度で指摘や助言をできるようになり、事業部門とも対等に言い合える関係性に発展していきます。

会社の価値観に染まってしまうと、メディアにネタを押し付けるような広報に陥ってしまうので、まずは広報担当のあなたが、正しく自社のネタを見立てることができなければいけません。

〝社内〟と〝世の中〟のギャップ

図表1―1は、「情報コンテンツの棚卸表」と呼んでいるもので、私の広報勉強会ではほぼ毎回登場します。この表は、自社が大事にしていることと、社会やメディアが興味を示しているテーマには大きなギャップがあることを示しています。

具体的に説明すると、社内の関係者は、左下の部分（第三象限）に例示している「経営理念」や「コア技術」など会社が長年にわたって大事にしていることを社会やメディアに発信しようとする傾向にあります。

その一方で、メディアや社会は、旬なことに関連していて新しい物事や話題に興味があります。右側の部分（第一&第四象限）にあるテーマには見覚えがあると思います。ニュース番組や新聞の見出しで日常的に取り上げられる内容だからです。

図表1-1　メディアが好む「旬な話題」とは？

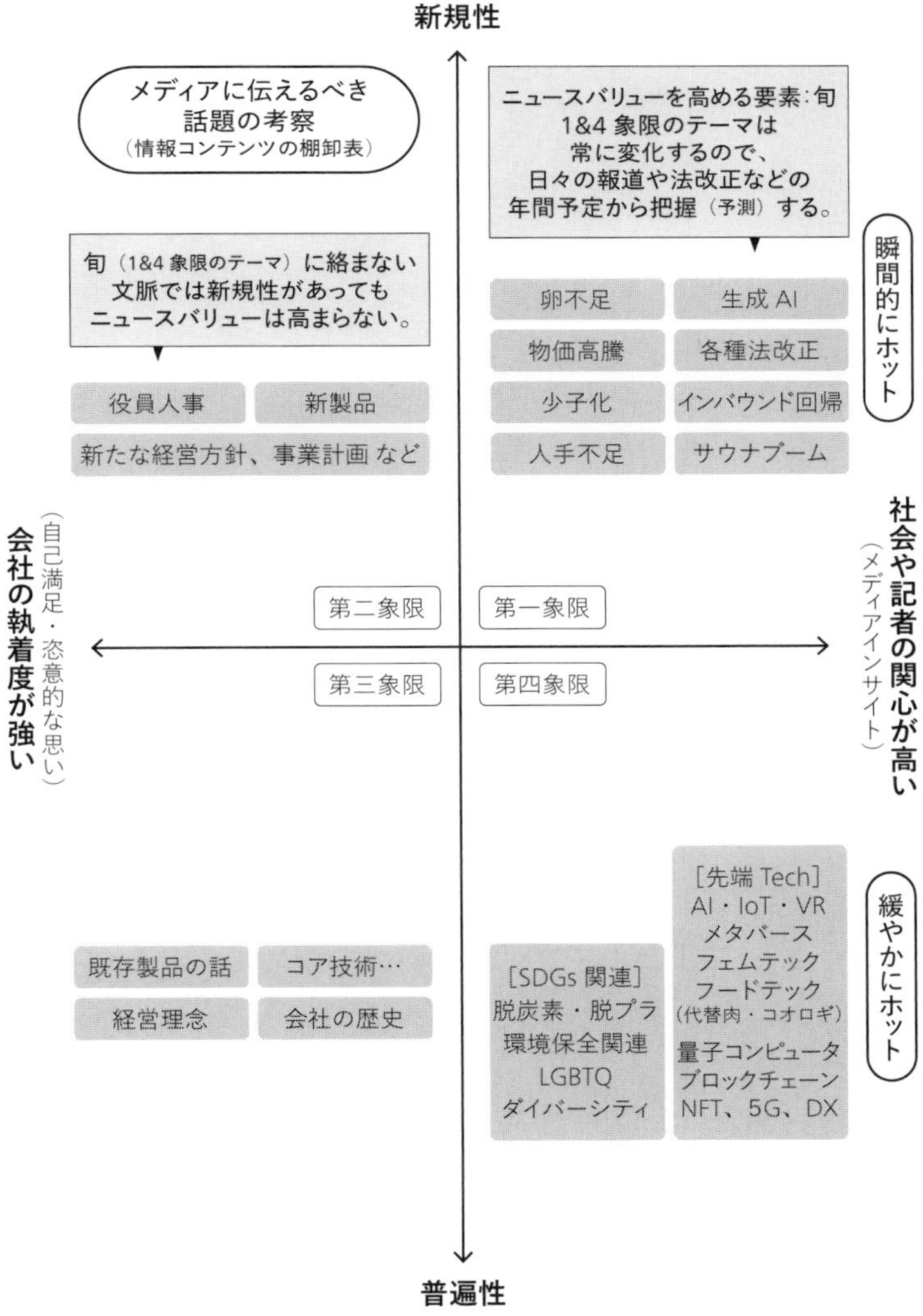
新規性
メディアに伝えるべき
話題の考察
（情報コンテンツの棚卸表）
ニュースバリューを高める要素：旬
1&4 象限のテーマは
常に変化するので、
日々の報道や法改正などの
年間予定から把握（予測）する。
瞬間的にホット
旬（1&4 象限のテーマ）に絡まない
文脈では新規性があっても
ニュースバリューは高まらない。
卵不足
生成 AI
物価高騰
各種法改正
少子化
インバウンド回帰
人手不足
サウナブーム
役員人事
新製品
新たな経営方針、事業計画 など
会社の執着度が強い
（自己満足・恣意的な思い）
社会や記者の関心が高い
（メディアインサイト）
第二象限
第一象限
第三象限
第四象限
緩やかにホット
[先端 Tech]
AI・IoT・VR
メタバース
フェムテック
フードテック
（代替肉・コオロギ）
量子コンピュータ
ブロックチェーン
NFT、5G、DX
既存製品の話
コア技術…
経営理念
会社の歴史
[SDGs 関連]
脱炭素・脱プラ
環境保全関連
LGBTQ
ダイバーシティ
普遍性

ちょっと乱暴な言い方ですが、メディアは企業の活動や商品には、そもそもあまり関心がありません。いま、何が旬であるかに関心があるわけで、それにたまたま関連している企業の活動や商品があれば、そちらにも興味を広げてくれるのです。

したがって、大手メディアに取り上げられる話題のほぼすべては、いま世の中を騒がせている何かに絡んでいます。昨日のテレビのニュースや新聞の記事を思い出してみてください。第一象限か第四象限に例示されているような旬な要素に必ず関連しているはずです。

会社の価値観に染まりきってしまうと、会社の一方的な思いに偏った文脈しかつくれなくなり、報道してもらうための必要十分条件である旬なテーマに絡めた話題づくりができない広報担当者になってしまいます。そうならないために、メディアに提案するネタを考える時やプレスリリースを作成する時には、まず次の項目について自問自答をしてみてください。

いま、自社が発信しようとしている話題（取り組み）は、

・社会全体や業界の「旬」に絡んだ話題なのか？
・なぜ、いまのタイミングで発信する必要があるのか？

・客観的に、何がどうすごいのか？

こうした問いをニュートラルでクールなハートで行い、〝いまである必然性〟が担保された話題であるかどうかの吟味が必要になります。

日常生活に置き換えて考えてみてください。自分の価値を正しく相手に伝えることは難しいことですよね。自分自身が長所だと思っていることと、周りの評価が違うことはよくあります。また、自分が良かれと思って振る舞うことが、相手にはそう感じてもらえないことも少なくありません。

自分自身のことは冷静に見返すことが苦手。注意していないと、職場でも同じようなことが起きてしまいます。

広報担当者は、いわば会社や事業のプロモーターです。自分の会社や商品のどこが優れているのかということについて、冷静に分析することができるかどうかが問われています。事業部門から話題が上がってきたら、会社の価値観だけに基づいた旬に絡まない文脈に陥っていないか吟味をして、〝いまである必然性〟が担保された話題にアレンジをしていきましょう。

さらに、広報担当としての眼力が鍛えられていくと、会社の中で誰からも気づかれずに眠っている「お宝」的な話題を発掘することができるようになります。日常的な広報活動では、何を対外的に発表するか、プレスリリースするか、などの判断は、意外にも広報部門に決定権がないケースが多いものです。大概の場合、事業部門から情報が上がってきて「これリリースしたいのでお願いします」という依頼を受けてリリースに向けた準備が進められますが、これでは広報機能の貢献度としては50%程度です。

会社の価値観に染まらずにニュートラルな判断ができる広報担当がいる会社では、事業部門の人たちがネタだと気がついていない話題を広報担当が発掘することが日常的に行われています。私たちは受け身のことが多いのですが、実は何を話題にするべきかについては広報担当が判断したほうが合理的です。

私も、日常的に参加している経営会議などで、他部門の報告を聞いていて「ちょっと待ってください。そのネタ、リリースしたいです。きっと記事になりますので後で打ち合わせしましょう」というやり取りを、ほぼ毎回行っています。何がネタになるのかについての正しい判断は事業部門だけではできません。私たち広報担当は日常的に報道をチェックしているわけですし、記者とも定期的に情報交換をしていたりもします。

私が主催する「広報勉強会@イフラボ」のテーマに掲げている「露出戦略から逆算した話題づくり」は、まさにこのような能動的な話題づくりを標榜しています。クールなハートで会社の価値観にどっぷりと浸かり切ることなく、常にメディアの気持ちになって自分の会社の中を見返す。クライアントの話題を冷静に分析する。こういう姿勢とプロセスが、一発屋ではなく恒常的にニュースバリューの高い話題を提供し続ける上で不可欠です。

着任当初こそ、社内に眠ったネタが見つかる

会社全体の広報をたったひとりで担当している方は、実に多いと思います。何を隠そう私も、いまの会社に入社した当初はひとり広報でした。そこから約5年の間に、ひとり部署↓広報・IR室↓広報・IR部↓コミュニケーション本部↓執行役員と少しずつステージを高めてきました。

会社のフェーズなどによって広報ミッションは微妙に異なるかもしれませんが、私の経験を振り返りながら、ひとり広報から現在までのロードマップを説明します。

ひとり広報という時点で、入社当初はそれほど広報に力が入っているとはいえませんでし

た。そこで最初に取り組んだことは、事業部門から上がってくる話題への対応（リリース作成など）はルーティンとして粛々とやりつつ、バズるネタを自分で仕立てることでした。

バズるといっても自分で一から仕込むような大きなことではなく、いままで普通に取り組んでいることで、社内の人がそのニュースバリューに気がついていないネタを発掘することです。転職したタイミングでは、会社の中のことがよく分かっていないために、新鮮な目で社内を見渡すことが可能です。私も転職したての当時、この会社にはたくさんのネタが眠っているな、とうれしい気持ちになりました。

繰り返しになりますが、会社の中の価値観と社会全体の関心テーマには大きなギャップがあるので、私たち広報担当がそのギャップを把握した上で社内を見渡すとネタが見つかります。いや、眠っているネタを見つけることも私たちの重要なミッションなのです。

ひとり広報の場合は、会社の中での存在価値が小さく設定されている場合が多いので、広報の価値をより短時間で社内の人に分かってもらう努力も必要です。そのためには、事業部門から上がってくるネタを処理する受動的な活動に留まらず、広報目線で発掘したネタを社会に打ち出していく能動的な活動もできると良いと思います。広報担当が主体的に動いて発掘したネタのほうがメディアのニーズに合致させやすいので、テレビや全国紙などでの報道につながりやすく、その結果として社内からの評価が一気に高まってきます。

私の場合は、自らネタを発掘したり仕立てたりすることで、「広報は長沼にまかせておけば面白いことになるな」という印象を社内に広げることができました。例えば次のようなケースです。

・開発部門の判断では、特に発表する予定がなかった製品（アプリ）の新機能について、その当時熱狂的なブームが起きていたスマートウォッチに関わる機能であったことから、リリースすることを進言。リリース後に新聞報道がされるとともに数日間株価がストップ高となった。

・数年前から本格導入していたテレワークに少し味付けを施し、最高気温35度以上の予想が発表された日は会社に来なくて良いとする「猛暑テレワーク」を企画。毎年真夏の恒例ネタになり、働き方に関する報道でたびたび取り上げられる〝常連〟に。経営者が各種団体から表彰されたり、働き方改革に関する講演依頼も多数寄せられるようになった。

という感じで、会社の中を広く見渡しながら、もともと取り組んできていることで報道される可能性があるものをネタとして発掘し、旬なテーマに関連するようなエッセンスを加えてちょっとだけアレンジしています。

メディアの気持ちを理解した上での〝逆張り〟のネタになるので大きな報道につながりやすく、こうした成功体験を通じて広報という機能のパワーや利用価値について短期間で社内啓発ができたと考えています。幅広い部門からネタづくりの相談が寄せられるようになったことも有り難い反響でした。

いずれにせよ、広報活動による成果や効果を社内の関係者と共有することができれば、一気に仕事がしやすくなるものです。なので、私としてのお勧めは、事業部門から上がってくる話題を処理する仕事に徹するのではなくて、広報目線でのネタの発掘にも相応の時間をかけていくことです。

また、広報担当者の眼力によって大きな成果が日常的に出せるようになると、広報にかける人員や予算などのリソースを会社が拡大してくれることにつながります。ひとり広報であっても頭の中にこういうロードマップを描きながら、広報機能のパフォーマンスや会社に対する貢献度を高めていきましょう。

社内の情報をいち早く入手しよう

もうひとつ取り組んでほしいことは、リリースの予定などの情報を、できるだけ早く入手する仕組みをつくることです。リリースの内容が決まってから、「これ今月リリースしたいのでお願い」と依頼されるようだと少し危険信号です。また、「この商品について来月記者会見がしたいので準備よろしく」といったパターンも。これは何が問題なのでしょうか。

中身が固まった段階で持ち込まれた話題はニュースバリューを高めるための広報目線による文脈のアレンジができないので、報道される確率はなかなか高まっていかないのです。結果的に会社の価値観に寄った内容に留まってしまい、メディアの興味や報道意欲を掻き立てることができません。そのため、広報担当との情報共有は発表間際ではなくて、少なくとも数カ月~半年前には行って内容のアレンジができるようにしたいのです。

事業部門の皆さんは、そんな必要性を感じていないので、我々広報担当が働きかけないと、早い段階での情報共有は実現することはできません。最初は頭を下げて教えてもらいにいくことになるかもしれませんが、早くに把握ができると、報道される確率は一気に高まります。

露出が増えれば、広報からの依頼や要望がメディア側に受け入れられやすくなる好循環も生まれてきます。

また、何をプレスリリースで発表するのか、記者会見するべきかの判断も、メディアの気持ちを踏まえた広報目線で行うと勝率が高くなります。この判断プロセスに広報担当が含まれていないケースが多いので、社内に広報機能の正しい使い方を啓発していきながら、時間をかけて是正していければよいでしょう。

月例で開催している経営会議などの重要な会議に、広報担当者が参加できると多くのことが解決します。会社の中枢を担う会議では、各部門の動きや開発・企画中の案件など、全社の状況を効率よく把握することが可能です。また、全社の動きが網羅的に把握できるので、報道価値があるにもかかわらず各部門がネタになると認識していないことも知ることができます。

広報部門が機能的に活動できている企業では、参加できる役職についていない場合でも、経営会議には広報枠が一席用意されているケースが多いと思います。もし経営者の方がこの本を読んでくださっているのであれば、ぜひ、広報を経営会議に参加させることをお勧めします。きっと自社の発信力向上につながると思います。

広報が会社の手となり口になる

この章では、広報の基本的な機能や姿勢について説明してきましたが、締めくくりとして少し違った角度から広報の意義を考えてみましょう。皆さんが所属していたり、フリーランス広報として関わっているのは会社、自治体、教育機関、ＮＰＯなどの団体になると思います。これらの組織は〇〇法人ともいわれ法的な〝人格〟が認められていますが、自ら言葉を発したり行動で何かを表現したりすることはできません。

良い評判を広げながらビジネスや事業を有利に進めていくことや、会社の経営姿勢などに対して社会からポジティブな評価を獲得しようとするならば、会社であっても人のように振る舞いながら、自分たちの思いや考えを発信していかなければなりません。その組織に関わる人々が法人に成り代わって発言をしたり行動したりする。これこそが広報活動の原始的な動機であり、根源的な目的です。

ＳＮＳの公式アカウントでも同じようなことが起きています。法人は自分では投稿することはできませんが、公式アカウントの裏側にはいわゆる〝中の人〟が存在します。法人に成り代わって呟いたり、感情を表現するような振る舞いを見せたりすることで、だんだんと法人としての〝人格〟が形成されていきます。

他の広報活動も基本的にはこれと同じことで、新聞やテレビ、ネットなどのメディアと報道というプラットフォームを利用して、法人による言動や振る舞い方を社会に対して示していく活動といえます。

そうすると、私たちは芸能人のマネージャーのようでもありプロモーター、もしくは法人のスタイリストであったりするわけです。どうすれば自社がより美しく映り、周りから評価されるかを考えながら、法人としての振る舞いや発言を決めていく。

だからこそ、私たち広報担当は会社の価値観に染まることなく、社会からどう見られるかを踏まえながら、会社としての振る舞いを考えていかなければなりません。

マウンティングが好かれないのは企業も同じ

例え話になりますが、思春期のころに周りから好意を持たれようとして、ちょっとカッコつけたり可愛らしい振る舞いを見せたりすることがありましたよね。残念ながら、こういう行動のほとんどは逆効果で、かえってマイナス方向の評判を集めてしまうケースが多かったのではないでしょうか。

好意を集めようとした人の行動は、よほどの「あざとさ」がない限り、周りの人の心や感情を揺れ動かすことはありません。また、私たちには承認欲求があるので、知らず識らずのうちに自分たちの価値観や優位性を押しつけようとする行動特性もあります。承認欲求が満たされるので、こうした〝親バカ〟的な振る舞いは気持ちが良いのかもしれませんが、周りの共感にはつながらないのです。

ＳＮＳでもこうした「マウント系」の投稿に対しては「いいね」があまりつかないように、広報担当者がニュートラルでクールなハートを身につけていないと、マウント系の話題（文脈）を社会に発信し続けることになってしまいます。自己満足や承認欲求を満たすために私たちは広報に取り組んでいるわけではありません。事業やビジネスを有利に進めるために、自分たちの商品や取り組みに対して良い評判を広げたり、会社が社会からの評価や共感を獲得したりしようとしているのであり、そのために法人に対して人格を形成させているのです。

こうしたプロセスを踏まえると、事業部門から上がってきた話題についても、会社の価値観の側に偏った部分やマウントしている要素を取り除いた広報担当によるアレンジが求められてきます。事業における専門性は事業部門の皆さんがプロですが、メディアにどう伝えるかという観点においては、私たち広報担当のほうがプロです。そのため、どんなプレスリリースでも記者会見でも、メディア目線でのアレンジが必須です。現場から上がってきたままの文脈で対外発表してしまうと、会社の自己満足や承認欲求を満たすだけで、社会からの良い評判や共感を獲得することができないのです。

報道されるイメージを先に描きながら文脈を決めていく。メディアのワークフローを踏まえた話題づくりができれば、テレビや全国紙などの大手を含めた幅広いメディアで取り上げてもらうことが実現できるし、一発屋ではなく恒常的にそうした話題を考えられるようになってきます。このスキルが身につけば、法人にとっての敏腕マネージャーでありプロモーターとして、どこでも活躍できるはずです。

第2章以降では、こうした技術を身につけるために日々実施してほしいルーティンや、メディアの行動特性を逆算するために、記者のワークフローについても具体的にご紹介していきます。

アイスブレイク

記事の事前チェックはできるのか？

「社長や上司から、掲載前の記事を事前にチェックさせてもらいなさい、と毎回指示されるのですが、これはメディアにお願いできるのでしょうか？」

広報勉強会に参加している方から、こんな質問がよく寄せられます。記事の事前チェックは当然の権利だと思われている方もいるかもしれませんが、これはケースバイケースであって、広報担当者からメディアに対しては要求できないことがポイントです。

この章の冒頭で、記事には客観性が担保されているので、掲載されることによってお墨付きのような効果が生まれると説明しました。記事に書かれてあることは、記者が確認し得た事実と、記者が判断したことや感じたことです。そのため、前に挙げた第三者視点のお墨付きによる効果が生まれます。

記事に企業の思いが入り込んでいたり、検閲されるようなことがあっては、報道される情報の価値が一気に損なわれることになります。新聞などの報道で、記者が何らかの理由で便宜を図ろうとして、取材先に掲載前の記事を見せることがごく稀に発覚しますが、こうした行為は非常に重大な問題に発展し担当記者は厳しく処罰されることがあります。また、報道に携わる記者の皆さんとしても、何人からも影響を受けない中で社会正義に則った記事を書くことに使命感を燃やしていることと思います。

ただし、専門性の高い話題であったり、掲載内容の正確性を高めたいというメディアの意向によっては、記者の方から掲載内容の事前チェックをお願いされる場合があります。もちろん、これは論調を変えるなどの検閲的な行為を求めているわけではなくて、事実が正しく記載されているか、専門的な論理などが正確に記述できているか、などの確認のためです。私たちにとっては非常に有り難いことなので、こういう場合は記者の要望に応じてしっかり対応しましょう。

記者と広報担当者の関係性を勘違いして、私たちから掲載前の記事のチェックを記者に要求する行為は、報道コンテンツの独自性や客観性を脅かすことであり、メディアとしても到底受け入れることはできないのです。報道の存在価値に関わるので、担当記者からも猛烈に抵抗されることになるでしょう。記事には客観性が担保されなければならない、記者が感じたままが報道されている、という社会の信頼があるからこそ、記事の内容は読者から額面どおりに受けとめてもらえるわけです。万が一、報道に企業の意図が組み込まれてしまったら、誰もその内容を額面どおりには受け入れなくなってしまいます。そのため、記事の事前チェックを求めるような指示をしてくる社長や上司には、報道の客観性が重要であることや、報道の存在意義を説明しながら、正しい理解を啓発していってほしいです。報道機関の業務領域を脅かす行為であり、担当記者との関係性を悪化させることにもなりかねないことを理解してもらいましょう。

色々な方からこの質問はお受けしてきましたが、掲載前の記事を事前チェックできると思われている経営者の皆さんは、記事広告と混同している場合が多いです。過去に広告出稿に多く携わったご経験のある方は、報道も記事広告と同じように事前チェックできるだろうと解釈しているケースが少なくありません。

企業がお金を払って制作する広告の場合は、当然ながらクライアントである企業の思い通りの内容に仕上げられます。掲載前に何度も校正の機会が与えられ、企業の要望が１００％

反映されながら仕上げられていきます。それに対して、報道の編集権はメディアが持っています。企業の意向を取り込む余地はまったくありません。経営者の方が、この違いを正しく理解できていない場合には注意が必要です。記事の事前チェックを平然と依頼してくるような企業は、メディアから毛嫌いされてしまい、取材依頼が来なくなる恐れもあります。

最近ではステマの問題もあるなど、SNSを含めて私たちの身の周りに流通する読み物に対しては、客観性がどこまで担保されているのかについて議論されることが増えてきました。どれが信じるに足りる記事であり、どれが企業の発注により発せられているものなのか。私たち広報担当は、客観性の高い情報に自社の話題を上手に載せていくことを目的に日々活動しています。企業の手が加わっていないニュートラルな読みもの。それが報道であり、読者のハートを揺さぶる力を持っているのです。

メディアや報道が置かれた状況を見渡すと、国や地域によっては、現在でも国家の検閲があったり、世論操作の道具にされてしまったりしています。幸いにも日本では、報道の自由と独自性が確立されていることから、約7割の国民がテレビや新聞・雑誌の報道を信頼しています（図表1−2）。

図表1-2　信頼できる情報を得るメディア

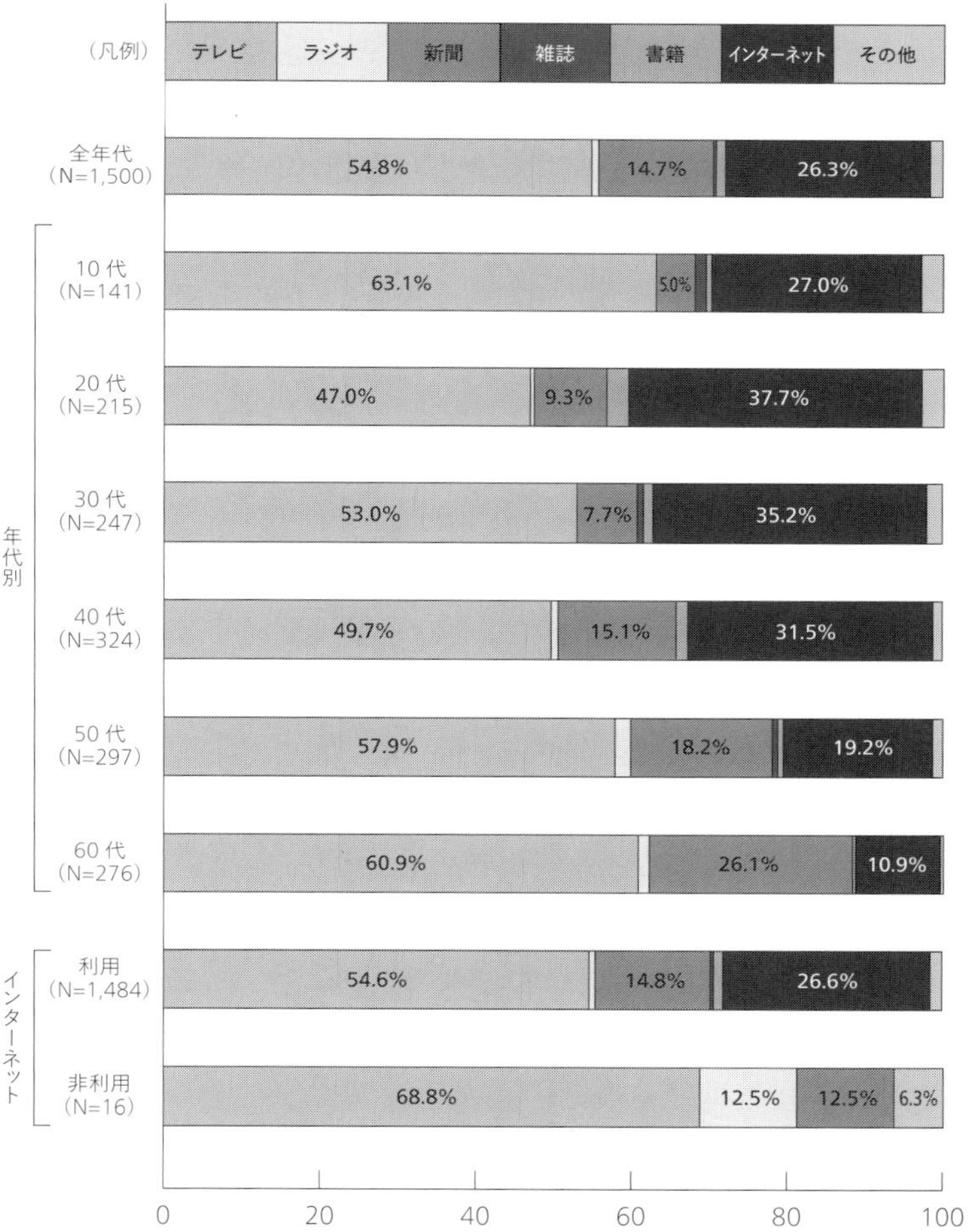

「世の中のできごとや動きについて信頼できる情報を得る」ために利用するメディアを聞いたもの。全年代と年代別、インターネット利用 / 非利用別で集計

出典：総務省情報通信政策研究所「令和3年度情報通信メディアの利用時間と情報行動に関する調査」

客観性の高い報道と国民から信頼されるメディアというのは、長い歴史の中で育てられてきた社会にとっての財産です。広報に携わっている皆さんは報道の根源的な価値を正しく理解した上で、メディアと一緒にその価値を守っていかなければならないのです。

第2章

広報の基本は
メディアの行動原則を
知ることから

新聞は広報活動の最良の教科書

メディアや社会が興味を示す話題を提供するためには、会社の価値観に縛られないニュートラルでクールなハートが必要であることを第1章で説明しました。第2章では企画する力をさらに高めるために、メディアの行動原則について掘り下げていきます。

私たち広報担当は、様々な話題を企画し新聞社やテレビ局などのメディアに届けています。メディアは、日々私たちから届けられる無数の話題の中から、いま社会全体に紹介する価値や必要性がある〝旬な話題〟を選定し報道しています。日頃の報道を注視しメディアの傾向を深く考察していくと、報道にはいくつかのパターンがあることに気がつきます。

ある新製品に関するニュースをもとに説明します（実在する記事を加工したものです）。

A社、洗顔剤の新商品発売　無添加素材の力で潤い

無添加コスメ販売のA社（○○県○○市）は主力商品である○○の無添加素材を用いた洗顔剤を発売した。保湿に加え、香りにもこだわった。西日本地域のドラッグストアなどで販売する。新商品「○○○」は約30回分の100グラム2000円。独自の無添加素材を用いて保湿性を高めた。

○○県内の自社工場で生産。西日本地域のドラッグストアなど200店で販売し、初年度に50万個の販売を目指す。2023年度の夏ごろまでに取扱店を500店以上に広げる。インターネットでも取り扱う。

同社によると、○○年度の洗顔剤の国内市場規模は○○年度比で5割増えた。新型コロナウイルス禍での巣ごもり需要に加え、美容や健康維持で肌を気遣う人が増えているという。

架空の内容ですが実在する記事をベースにした報道サンプルで、新商品の発売を報じる典型的な記事となります。それではここで皆さんに質問です。

「プレスリリースを書く時に、そのリリースがどんな記事になるかを想像していますか？」

もし、自分が書いているリリースのどの部分が記事になるのかについて、イメージが持てていない場合は要注意です。

日々の新聞記事やテレビの報道内容などを分析することは、広報について学ぶ良い機会となります。一般の人にとっては、報道コンテンツは知識や情報をインプットするためにありますが、広報担当者にとっての報道コンテンツのあり方は少し異なります。

・なぜこの話題はこんなにも大きく報道されたのか？
・記事になるためにはどのような要素が必要なのか？（何があれば報道されやすいか？）
・どんな写真を提供できると紙面で使ってもらえるのか？

など、新聞記事やテレビの報道を眺めているだけで、報道してもらうための〝必要十分条件〟を学び取ることが可能です。

例えば、先ほどのサンプル記事を因数分解してみると、次の構成要素に分類できます。

・商品の概要に関する情報：内容量、使用可能回数、**価格**、簡潔な特徴
・販売戦略に関する情報：生産拠点、販売地域、**販売店舗数、今後の目標値**
・業界のトレンド（いま報道する必然性）：**コロナ禍で洗顔剤の需要が増えている社会トレンド、コロナ禍や巣ごもり生活に関連した消費行動の変化**

新聞やテレビで報道される内容は、どんな業界の話題であっても、だいたい同じような要素で構成されています。報道機関の皆さんは、プレスリリースなどを通じて話題を受け取ったら、その本質的な報道価値を評価すると同時に、記事で必要になる要素が十分に含まれているかどうかを精査します。例えば、報道のメカニズムについてなじみが薄い事業部門の社員などからは、たまにこんな声が聞こえてきます。

「A社の製品がテレビで華々しく紹介されていた。B社の製品のほうが優れているのに、なんで報道ではあんなにA社が取り上げられるのだろうか」

その一方で、私はこんなことを感じながら日々新聞を読んでいます。

「記事で取り上げられているA社の製品は、会社の規模は小さくて製品にずば抜けている機能があるわけでもない。だけど、広報担当が記事で必要になる要素をたくさん提供して、旬なテーマにも絡めたことで、いま報道する必然性を報道機関に感じさせることができたんだろうな。だからこんなに大きな記事に。B社に比べてA社の広報はあざとくて手強いな」

また、こんなことを感じる時もよくあります。

「B社はせっかく大々的な記者発表をしたのに、販売目標などの定量的な情報が明示できなかったようで、旬なテーマにも絡めないままに発表してしまったから、小さな記事にされているな。やっぱり、いくら華々しい発表会をしても、広報担当が記者の気持ちを先読みして、記事で必要になる要素を伝えることができないと失敗しちゃうよな。この会社の広報は、会社の規模の割にはメディアの気持ちがまだ理解できていないんだな」

皆さんが毎日行っている新聞チェックの際に、このようなことを推測しながら他社の記事を読んでみてください。自社の話題が大手メディアで取り上げられることは、それほど多くありません。他社の記事を分析することでメディア対応の疑似体験ができて、自分の経験値

図表2-1　新聞記事から学び取れる報道コンテンツの構成要素

テーマ	記事で必要になる要素
新商品発表	発売時期、価格、販売形態、生産体制に関する情報（場所、生産能力）、販売目標数値、開発背景・商品特徴（旬なテーマとの関連）、商品画像
資金調達	調達金額、調達先の企業名、調達した資金の使途、今後の目標数値、社会的な背景（旬なテーマとの関連）、ビジネス概況（導入社数、直近の伸長率）、関連画像
工場新設	設備投資額、稼働開始時期、生産能力（何％の能力拡大となるのか）、新たに雇用する従業員数、今後の目標数値、工場新設の背景・設備の特徴（いまである必然性）、完成予想図（パース）

にしていくことが可能です。この作業を日々繰り返していくことで、報道のパターンにはいくつかのテンプレートが存在することにも気がついていくものです。

こうした一連の学びができることから、新聞こそ広報担当者にとっての〝最良の教科書〟だと考えています。

私が毎日、複数の新聞を読んでいて感じ取っていることを図表2-1にまとめました。新聞を読むだけで、このようなことが分かってきます。まずは感覚的な気づきからで良いので、皆さんの視点でも分析してみてください。ポイントは、できるだけたくさんの記事に触れることと、記事が掲載された時の旬なテーマとの関連性を見出すこと。

そして、その話題を報道する必然性がどこにあったのかを解読できるようになりましょう。

報道コンテンツを熟知するための第一歩

報道で必要になる構成要素が分かってくると、記事を書く記者の気持ちが先読みできるようになります。この〝先読み〟ができることによって、メディアが求める情報を的確にまとめたプレスリリースが作成できるようにもなってきます。また、ここまでのレベルに達すると、メディアに対するあらゆる話題提供において、記事のテンプレートを逆算しながら〝あざとい〟話題提供をすることが可能です。

報道の形式やパターンへの理解がないままにリリースを書いていると、メディアのニーズに合致しない内容をダラダラと書き綴ることに。また、メディアと対話する時にも、短絡的な押し売りのような言葉しか出ず、報道につながる話題提供ができずに掲載という成果にもつながりません。かつての私がそうでしたが、いくら目の前の記者に力説をしてもメモを取ってくれない、ノートすら開こうとすらしない、という状況に陥ってしまいます。

記事の構成要素を含めたメディアのニーズやワークフローを理解した広報担当者だけが、恒常的な露出を実現することができるのです。

メディアのニーズや報道の構成要素に対する理解が深まると、あらゆる場面で記者から質問されるポイントの先読みができるようになります。取材などでもメディアが必要としていることを事前に見極めることができるので、精度の高い事前準備が可能となり広報活動の効率が飛躍的に高まります。

これから発信しようとする話題に対して、記者から何を聞かれるか予測できないために、メディアからの問い合わせのたびにあたふたすることはありませんか。専門性の高い質問を受けた時には、その都度、事業部門などに確認するしかありませんが、広報活動の効率を上げるためにも「このへんが聞かれるだろうな」「こういう要素があれば報道価値はより高まるだろうな」という想像もしながら、メディアの思考を事前に予測できるようになっていきましょう。聞かれたら困ることまで事前に察知できるようになると、論調が悪くなる要素を排除し、ネガティブな記事を書かれるリスクを抑制することも可能になります。

「撮れ高」の有無が成否を分ける

ここまで説明してきたように、広報担当者にとっての日々の報道チェックでは、報道で必要になる構成要素やパターン、メディアの思考を学習することがポイントです。どんな要素があれば記事になりやすいのか、新聞を中心に報道を毎日チェックすることを通じて理解を深めていってください。その上で、テレビを狙っていきたい方は、当然ながらテレビの報道傾向のチェックも重要です。

テレビの場合でも、ほぼ同様の構成要素が必要となりますが、新聞の場合に加えて〝見せ場〟が不可欠です。報道コンテンツに映像が含まれるテレビでは、〝撮れ高〟も重要な構成要素となります。この〝撮れ高〟にも傾向とパターンがありますので、ニュース番組などから学び取っていきましょう。

参考までに、テレビや新聞の中で、スチール写真を含めた撮れ高について私が日々の報道

図表2-2　有効な「撮れ高」を提供するためのポイント

映像の種類	メディアから採用されるためのポイント（一例）
新聞紙面での写真（静止画）	人が利用するモノでは実際に操作・利用しているシーン。人の手や操作している様子をアングル内に収めて読者にイメージしてもらえるような写真。 設備や建物の場合は奥行き感が伝わるアングルが理想的。被写体が手前から奥に広がる位置から撮影し、大きなモノでも全体が収まるように撮影する。
ニュース番組での映像（動画）	記者会見では、できるだけ動くものを用意する。発表する商品を使用したり、製品が動く様子などをデモンストレーションで披露する。 調印式などを効果的に設定する。調印→握手などのシーンもテレビでは利用しやすい場面となる。

から感じているポイントは図表2-2の通りです。

メディアのデジタル化が進行する中で、報道コンテンツは紙からウェブやアプリで閲覧するものに変化していくと思いますが、広報の基礎的な知識をつけていくためにも、新聞は私たちにとってはまだまだ大事なメディアです。

少しマニアックな視点ですが、新聞紙面を見ていると、大きな扱いの記事、中ぐらいの記事、それから脇の隅っこに小さく掲載される記事がありあます。ここからも、メディアがどういう話題を重要視するのかについて感じ取ることができます。新聞社によって、同じ内容のニュースの扱いが大きく違うこともよくあります。ウェブやアプリ上での報道コンテンツは一つひとつの記事が独立しているので、紙面全体を整えるための〝記事の佇び寂び〟はないのですが、紙媒体では記事の割り付けからもニュースバリューの判断についての理解を深めることが可能です。

新聞を1紙も購読していない広報担当者の皆さんは、どの新聞でも良いので定期購読をしてみてください。ウェブやアプリではなくて、実際の新聞紙面、または紙面ビューワーで読みましょう。

メディアの選定とアプローチの仕方

広報担当に着任して間もないころ、世の中にはたくさんのメディアが存在することに驚いた方も多いのではないでしょうか。日常的に目にしているテレビや全国紙などの大手メディアのほかにも、特定業界に特化した業界専門メディア、地域に特化したブロック紙や地方紙。さらにはビジネス誌、週刊誌、ウェブメディアなど、私たちは打ち出す話題に応じて、多種多様なメディアと関わっていかなければなりません。

メディアは、情報発信主体（企業・団体）と一般生活者や業界関係者などの個人との間に存在し、世の中の動きを読者に伝達する役割を担っています。そして、各メディアは、社会全体を幅広くカバーするものから、特定業界や地域に特化したものに分類されます。多様なメディアのニーズや関心テーマを把握しようとする際には、メディアごとに異なる読者層やターゲットがあることを理解することが先決です。

私たちが発信する話題には、必ず〝届けたい人〟がいます。例えば、自動車や生活家電などの新商品では、それを購入してくれる可能性のある一般生活者に。またBtoBビジネスでモーターや産業用ロボットなどの新製品では、関連産業の関係者に製品スペックなどを届けたい。さらには、働き方改革やジョブ型導入などの人事施策に関する企業PRの場合、働きやすい会社としてのイメージを発信することや、その認知を就活中の学生や転職希望者に広げることが狙いとなります。

このように、商品PRまたは企業PR、BtoCまたはBtoBなどの違いによって、話題を届けたい相手は微妙に異なるので、毎回同じメディアに配信するのではなく、そのターゲットに応じたメディアを選定しなければなりません。また、どのメディアであれば取り上げてくれる可能性が高いのかについても考察しながら配信先を検討します（図表2-3）。

図表2-3　ターゲットを踏まえたプレスリリースの配信先と考え方

話題の種類	配信先	狙い（例）
新商品発表（B to C）	一般向けのメディア（新聞、テレビ、雑誌） 業界・専門メディア	一般の消費者への訴求と、仲介業者などの業界関係者への認知拡大を図る
アプリの導入事例（自動車業界への導入）	IT業界関連メディア 自動車業界専門メディア	導入事例は、日ごろから付き合いのあるIT業界関連メディアに加えて、導入先企業に関連する業界専門メディアでも自社製品を紹介してもらうチャンスに。同業界からの新規受注を狙う
工場の新設（地方都市）	日ごろ付き合っているメディアに加えて、その都市の地元メディア	地域社会での認知拡大を図る。雇用関係のネタも発信し地域経済へ貢献していくことを伝える

特につながりのないメディアや、特定の業界に特化した専門メディアにコンタクトしようとする時に、連絡先が分からずに戸惑う方も多いと思います。そういう時には『PR手帳（広報・マスコミハンドブック＝日本パブリックリレーションズ協会発行）』などを活用して、次のような手順で連絡してみてください。

まずは、業界・専門メディアのオフィスに直接連絡をしてみたり、官公庁に設置されている記者クラブを通じた情報提供を行ったりすることで、最初の接点をつくることが可能です（**図表2-4**）。最初のうちは、記者のメールアドレスが分からなくても慌てる必要はありません。

図表2-4　メディアとの最初の接点のつくり方

「PR 手帳」を活用	PR 手帳には、一般的なメディアから業界・専門メディアまで幅広く紹介されているので、各メディアの連絡先に加えて、業界ごとにどのような専門メディアが存在するのかについても把握することができる。業界・専門メディアに連絡すると、リリースの送付方法を教えてくれる
記者クラブを通じた配信	都道府県庁を含めた各省庁に設置されている記者クラブには、大手メディアが在籍しており、設置されている省庁の管轄領域と同じテーマを担当する記者が所属している。記者クラブにプレスリリースを届ける（投函する）ことで、大手メディアの記者に話題を届けることが可能。なお、一般的なメディアと専門メディアが所属する記者クラブが別々に設置されている場合がある。業界紙・誌にも届ける場合はそちらにも投函する（例：○○専門記者会）。主要な記者クラブは PR 手帳に連絡先などが掲載されているほか、各省庁の代表電話に連絡すると記者クラブにつないでもらえる場合が多い

ウェブメディアやビジネス・業界誌は、記者クラブに所属していないケースが多いのですが、リリースの送付先はウェブサイトで公開されていることがあります。また、業界・専門メディアは、電話で問い合わせればメールアドレスやＦＡＸ番号を親切に教えてくれることが多いので、積極的にアプローチしてみてください。

メディアは非常にたくさんありますが、これから発信しようとする話題のターゲットが読者であるメディア、その話題を取り上げてくれる可能性が高いメディアを探すことから始めてみてください。例えば、自社製品・サービスの導入事例に関する話題であれば、導入先の企業が所属する業界の専門メディアに配信することも重要なルーティンです。こうした活動を通じて、少しずつ自分たちの話題を届ける裾野を広げていきながら、認知も拡大していけるように取り組んでみてください。

「先読み」広報担当のルーティン

新聞記事から報道のパターンが読み取れることを説明してきましたが、もう少し中長期的な視点に立って、メディアの行動を先読みするためのメソッドをご紹介します。

年間スケジュールを把握する

メディアがどんなネタを、どのタイミングで取り上げるのか。皆さんは考えたことがありますか。私も広報担当になったばかりのころは、メディアの気まぐれで報道するテーマを決めているんだろうな、という程度の浅はかな認識だったのですが、長年広報に携わる中であるルールがあることに気がつきました。

それは年間スケジュールを意識していることとです。主に国策に関する年間スケジュールなのですが、多くの報道はこのスケジュールに連動しています。例えば、毎年3月頃になると法律の改正や新しい税制などに関する報道が一斉に出てきます。これは、新年度を迎える4月1日には、様々な法律や税制の改正が施行されるからです。

報道機関は、ターゲットである読者や視聴者から目を向けてもらうために、仕事や生活に役立つ情報を届けようとしています。そのため、国民全体に何らかの影響が及びうる法改正などの国策には常に目を光らせていて、タイムリーな情報提供ができるような報道に徹しています。

それでは、メディアの行動を先読みするために、どうすれば年間スケジュールを効率よく把握できるのかについて考えていきましょう。

日々の報道チェックからある程度は把握できますが、情報が集約されていないので効率的ではありません。私も日々の報道チェックでは、各省庁から提出される予算の概算要求に関する報道などから感覚的に把握する程度で、全体の方向性は日々の報道から感じ取るように

図表2-5　広報担当者が重要視したい情報源

情報源	入手できる時期	内容
首相による施政方針演説、所信表明演説	施政方針演説：毎年1月から行われる通常国会 所信表明演説：臨時国会や特別国会の冒頭	首相から説明される内閣の基本方針や具体的な政策の方向性に関する演説。国会で演説された内容は全文が新聞紙面でも紹介される。この演説には、政策の方向性が網羅されているので今後のネタのヒントが凝縮されている。メディアと会話をする時には、首相の演説内容を踏まえたトークを展開すると盛り上がることが多い（メディアも政府の方向性は常に意識しているため）
ビジネス誌やトレンド情報誌などの年末特大号	毎年12月20日ごろに発売	年末特大号は翌年1年間を占う内容になっているので社会情勢全体を効率よく把握する上で有効。法改正や国際的なイベントの予定もまとめられているので、常に手元に置いておくと良い（11月末ごろの情報で編集されているので一部内容が古いこともあるので注意）
元日の新聞・朝刊	毎年1月1日（売り切れることもあるので午前中のうちに確保する）	12月末時点で判明している1年間の予定が掲載される新聞が多い。ビジネス誌よりも新しい情報になっているので、こちらで最新情報はキャッチアップする。新聞社によって取り上げている内容が異なるので全紙チェックするのがお勧め。年間スケジュールのページは切り取って手元に置いておく

はしていますが、細かい日程については別のプロセスで情報を整理しています。

図表2-5が、メディアの行動を先読みするために広報担当者が重要視したい情報ソースです。これらを活用することで、効率よく今後の予定を把握することが可能です。

日本では、毎年10月ごろから翌年度の予算編成に関する国会や予算委員会が始まり、景気対策や経済政策、法律の改正などの政策に関する一連の予定や予算が議論され、年度末ごろに国会で決議されます。おおむね12月ごろには内容が固まってくるので、広報担当にとっての年末年始は、翌年度の戦略を考えるのに適した時期です。

ちなみに、メディアの人たちもこうした年間スケジュールはしっかりと把握しています。そのため、記者と話をする時には、法改正などの予定を出しながら会話をすると非常に盛り上がります。例えばこんなイメージです。

「○月に○○の法改正がありますよね。その影響で、○○のニーズが今月になって急に高まっていて問い合わせも急増しています。当社では、法改正への円滑な対応を実現するために○○キャンペーンを○月から実施します。その第一弾として○月○日に体験会を開くのでご覧になりませんか？　○○名くらい参加予定です」

こうしたトークを展開するためには、年間スケジュールやこれから実施が予定されている政策への理解が必要となります。メディアには、いま報道するに値する必然性を感じてもらうために、自分たちの都合で偶然いまになったと思われないようにすることがポイントです。世の中の流れに合わせた事業活動だからこそ、社会の事象としてメディアの報道意欲を掻き立てることができます。年間スケジュールなど社会全体の動向に関する知識がないままにメディアとの対話に臨んでしまうと、単なる押し売りのような広報になってしまいます。

また、もともと予定されていたもの以外でも、突然ホットになったブームや社会問題なども報道の起点になるのでアンテナを張っておきたいところです。例えば、サウナブーム、冷凍食品ブーム、コロナ禍、オーバーツーリズム、花粉の飛散量の多さなど、年間スケジュールに含まれていないものでも何らかの社会事象によって報道意欲が高まるテーマが急に生まれることがあります。２０２２年は節電、円安や原材料高、金融業界における「仕組債」の問題、２０２３年5月時点ではインバウンド回帰、チャットＧＰＴ（生成ＡＩ）、卵不足の問題などが突如として報道の起点になりうるテーマとなりました。

ここまでの説明を整理しますと、メディアに話題を提案する時の手順は次のようになります。何の脈絡もなく自分たちの商品や取り組みを説明するのではなくて、社会全体を俯瞰しながらだんだんと自社の話題に落とし込む。そして、社会全体の動きに関連していることを強調します。

メディアとの対話の手順

①社会全体を俯瞰したテーマ（法改正などの国策、急にホットになっているトレンドなど）
②社会全体の動きを受けた自社を取り巻く業界動向
③自社の話題（新商品、各種施策ほか）を紹介

かつての私もそうだったのですが、広報担当に着任したばかりだと③の部分からいきなり話そうとしてしまいます。これだと、単なる宣伝にしか映らないので、メディアの皆さんはノートすら開いてくれないものです。メディアの興味を引きつける話し方としては、社会全体の動きとの関連性を伝えながら、徐々に売り込みたい話題の話に持っていく。そして、記事で必要になる数字情報も交えた説明にすることがポイントです。こうすることで、記事の構成要素から逆算した話題提供となり、メディアのニーズにマッチしたトークになっていきます。

あらゆるメディアに共通していえることですが、報道のパターンは大きく2つに分かれま

図表2-6　2つに大別される報道パターン

報道区分	内容
ストレートニュース	新商品発表や記者会見などに関する報道。基本的に、1社の話題が取り上げられる。旬なテーマとの関連性とともに新鮮さが求められるので、当日か翌日に報道されることが多い
傾向記事	その時の社会情勢や旬のテーマによって販売が拡大しているトレンドやムーブメント（ブーム）がネタの起点になる。傾向記事は業界全体の傾向を紹介するための報道なので、複数の企業の取材を行い1社が主役、2～3社が脇役とされた複数社の組み合わせとなることが多い。ビジネスや業界全体の“状態”をネタにする報道となるので、新しい話題はそれほど要求されない。新商品発表などが少ない会社には、傾向記事での露出を狙う戦略が有効。商品の売り上げや出荷数量が伸びている状態や、その背景をネタにする また傾向記事の主題は、企業や商品（サービス）であることが多いが、その話題を象徴する“人”にフォーカスしたケースもあるので、提案する話題の主題を切り替えることで多様な紙面獲得につながる

す。また、報道のパターンによって記事の構成要素が変わってくるので、事前に用意する情報も少し変わります（図表2－6）。

アイスブレイク

記者との対話が広報担当者を鍛える

広報経験がまだ浅いころ、私はメディアにネタを売り込みに行っても、まったく興味を持ってもらえないことが続いていました。何度トライしても、いくら熱弁をふるっても、目の前にいる記者はメモひとつ取ろうとしてくれません。どうしたら自分の話に興味を持ってもらえるものかと悩み、なかなか答えを出せずに迷路から抜け出せない状況にありました。自分の説明の仕方が悪いからだと自己嫌悪にも陥っていましたが、めげることなく記者とのアポイントを取り続け幾度も幾度もトライは続けていました。

ある日、地方でのメディアキャラバンでお会いした地元有力紙の記者に、自分のネタを説明している時に、「○○の影響で出荷数量が○○%も増加しているんです！」と、その時に出荷数量が非常に好調な商品の伸長率を数字で具体的に伝えました。この当時の私には、記者の気持ちやニーズを先読みする技術はまったくなかったので、数字を交えたレクチャーをしたのは本当にたまたまのことでした。

しかし、その後の記者の反応が驚きでした。私の話を聞いていた記者は、数字を聞くやいなや突然ノートを取り出して、熱心に私の説明内容を記録し始めたのです。私は普段と同じような話をしているつもりだったのですが、記者の振る舞いを見たその瞬間に、いままで目の前を覆っていた霧のようなものから、いっきに解き放たれた気持ちになりました。

いまとなって考えれば、実に基本的で初歩的なことなのですが、当時は見よう見まねで広報をしていたので気がつくまでに相当な時間を要してしまいました。この本を読んでいる皆さんには、私が体験してきた広報活動における遠回りをしなくても済むように、私の失敗談を共有できればと思っています。

それでは、私の話を聞いていた記者はなぜ急にノートを取り出し記録し始めたのか？

新聞記事などで日々の報道をチェックしていると気づくかもしれませんが、記事には必ず数字を交えて説明する部分があります。言い換えると、数字がないと記事にならないのです。数字が示されない話題には、メディアの報道意欲が高まりません。

そのため、メディアにネタを提供する時には、数字情報を意識的にちらつかせながらレクチャーを展開するようにしています。数字は、記事に必要な構成要素の中で最も重要なものになるので、ここを伝えながら上手にメディアの興味を引きつける。ノートにも記録してもらうことがポイントです。私の場合、記者がノートに記録する様子を見ると、モチベーショ

図表2-7　記者の表情や振る舞いから感じ取れること

表情や振る舞い	想定される記者の感情
首をかしげるような動き	難しい専門用語が出てきて理解できなかった
ペンが止まる	その話題にはあまり興味がない
うなずくがペンは止まっている。新たな質問がなく、「なるほど」という受け答えが続く	その時の説明内容は記事にしにくいこと、早く次の話題に展開してくれることを願っている状態

記者へ説明する際、相手の表情や振る舞いからネタへの関心度合いを推し量ることができる。反応を見ながら話題を変えたり関心を引きそうなキーワードを散りばめるなどの工夫ができると良い

ンがどんどん高まってきます。

私は、記者との対話の中で、このようなメディアの行動特性に気がつくようになりました。そのほかに、法改正や世間を騒がせている社会トレンドに絡めた話をした時にも、ノートに記録されることが多かったのです。記者との対話では、興味の有無がその場ですぐにフィードバックされ、メディアの関心事（メディアインサイト）を直に感じることができます。記者と対話する場数をこなすことは、広報担当者の経験値を高めることに大きく貢献すると考えています。

自社の話題を提供するために記者との面会を重ねている広報担当者は多いと思いますが、メディアの振る舞いや行動パターンを観察することでも、たく

さんのことを学べます（図表2–7）。ぜひ、自分のレクチャーを目の前の記者はどう感じているのかを理解するようにしてみてください。メディアの気持ちや関心テーマを〝先読み〟する技術はこうした経験を経て少しずつ身についていきます。

第3章

中小企業にも地方にも取材が来る、記者へのアプローチ

「報道のきっかけ」に自社の取り組みを結びつける

私たち広報担当は往々にして、〝企業（自社）が発信したいこと〟ばかりをネタとして押し売りしようとするものです。それが有効ではないことは落ち着いて考えると理解できることですが、企業の一員という立場になると冷静さを失ってしまうようです。

メディアは〝視聴者や読者が興味を持ってくれる可能性が高い物事〟を報じることを生業としていて、報道の現場では〝企業が発信したいこと〟を都合よく紹介してくれるわけではありません。私たちにとってのターゲットはメディアかもしれませんが、メディアにとってのターゲットは読者や視聴者。興味や関心事が移ろいやすい読者・視聴者の目を、どうやって自分たちの〝媒体〟に向けさせるかに日々奔走しています。

「マスコミ」の「マス」は直訳すると「大衆」すなわち一般市民、生活者を指します。私たち企業の広報担当者も、メディアの先にいる〝生活者〟を振り向かせるための話題を、報道機関と一緒に考えるようなスタンスでも良いと思っています。

生活者に振り向いてもらうためには、〝いまである必然性〟を兼ね備えた話題かどうかが問われます。つまり、メディアが報じる話題を、自分ごととして受け止めてくれることが重要です。それを実現するために、メディアに話題を提案する時には「企業が発信したいこと」に「報道のきっかけ」をセットにした構造や文脈にすることを心がけてみましょう。

例えば、ちょうどこの原稿を書いているところ、ある全国紙（一般紙）に、このような傾向記事が掲載されました。米国の金利上昇を背景に、ある金融機関が手がける外貨預金キャンペーンが好調との内容です（図表3−1の〈報道例1〉）。

一般の人をターゲットにしているテレビのニュースや大手紙の報道で扱われる話題には、常に図表3−1の「報道のきっかけ」にあるようなテーマとの関係性が必須となります。この部分があることで「企業が発信したいこと」を含めて、報道の内容を〝人々〟が自分ごととして捉える可能性が高まってきます。そして、自分にも関連することとして報道を見てくれるので、ニュースや記事で紹介されている商品やサービスへの購入意欲が湧くことも期待できるのです。

また、「報道のきっかけ」のスケールが大きければ大きいほど、その話題全体のニュースバリューも大きくなります。報道例1の記事では、世界に影響を及ぼす米国の金融政策や為

図表3-1　【報道のきっかけ】が主、【企業が発信したいこと】は従の関係にある

報道例1

米国の金利上昇を背景に、外貨預金キャンペーンが好調

［**報道のきっかけ**］
米国の金利上昇

［**企業が発信したいこと**］
金融機関 A が手がける外貨預金キャンペーンが絶好調
（市況環境の変化や投資ニーズに機動的に対応し
顧客の資産形成に貢献する金融機関 A の
商品・サービスの魅力を訴求）

報道例 2

「産後パパ育休」制度の施行を受け、勤怠管理ソフトに対応機能を追加

［**報道のきっかけ**］
2022 年 10 月に
「産後パパ育休」
制度が施行

［**企業が発信したいこと**］
IT 企業 B が手がける勤怠管理ソフトに
「産後パパ育休」に対応する新機能を追加
（旬に絡めた機能追加による報道機会の獲得と
B 社製品の認知拡大＆
仕事と育児が両立できる社会に貢献する企業姿勢の訴求）

報道例 3

大雪による高速道路の封鎖を受け、車載用の防災セットを発売

［**報道のきっかけ**］
想定外の豪雪による
新たな災害
大量の車が立ち往生
する交通障害が発生

［**企業が発信したいこと**］
食品会社 C が車に常備する
非常食や発熱剤のセットを発売
（新たな災害リスクに対応する
商品ラインアップ＆食品会社として
安心できる社会づくりに貢献しようとする姿勢）

メディアの関心は常に左側の［報道のきっかけ］にあり、最初から右側にフォーカスすることはない。左側の内容に関わる社会の事象として、右側の［企業が発信したいこと］が報道される替相場（極度の円安）に関連する話題になっていたので、非常に大きな記事になりました。

さらに、報道例2は多くの企業やビジネスパーソンに影響を与えた法改正に絡めたパターン。2022年10月に施行された「産後パパ育休」制度に合わせて、勤怠管理ソフトに対応機能を追加したことから、いまである必然性がしっかりと確保された話題となりました。

もうひとつの事例として、報道例3は新製品（商品）に関するケーススタディです。2020年12月に強い寒気による大雪の影響で、関越自動車道で大量の車が立ち往生する交通障害が発生しました。それからほどなくして、車載用の防災セットを発売した企業がありました。新商品を幅広いメディアで露出させることに成功した事例です。

このように、一般の人々をターゲットにしている全国紙での露出を獲得できた話題には、必ず「報道のきっかけ」が含まれています。そして、その報道では、仕事や生活に影響を及ぼす社会の事象に触れて読者や視聴者の興味を引きつけながら、企業が発信したいことが述べられる構成になります。

うまく記事が膨らむと、「企業が発信したいこと」のカッコの中に記したような、その企業の商品・サービスの優位性や良い社会づくりに貢献しようとする経営姿勢などについても言及される場合があります。ここまで取り上げてもらうことができたならば、広報担当としては満点に近い働きといえます。

ここまでいくつかのケーススタディを見てきましたが、ここで報道のメカニズムについて整理してみます。図表3―2のように、より大きな社会的テーマが「報道のきっかけ」として紐づく話題であれば、その話題全体のニュースバリューが高まるという法則が存在します。その時の「ニュースバリューを高める要素」は何であるのか？ について、私たちはアンテナを張り巡らして、〝人々〟の興味を引きつける要素を少しでも増やしていく。日常的にこうした思考でメディアに提案する話題を組み立てていくと、たとえ専門性の高いBtoB企業でもテレビや全国紙などで報道される機会が増えてくるはずです。

「報道のきっかけ」などの「ニュースバリューを高める要素」を巧妙に組み込まなくても、世界初の〇〇、超大手企業との協業、ノーベル賞受賞、といった誰もがすごいと感じる話題であれば、そのままの状態でも十分にニュースバリューが高くなります。労せずして幅広いメディアで報道されることになりますが、こういう話題とは頻繁に巡り合うことはできません。私たちが手がける話題の多くは、最初の段階では五分五分。私たちの企画力やアレンジ力によって、報道される可能性の大小が決まってきます。

図表3-2　大きなテーマに結びつくとニュースバリューは高まる

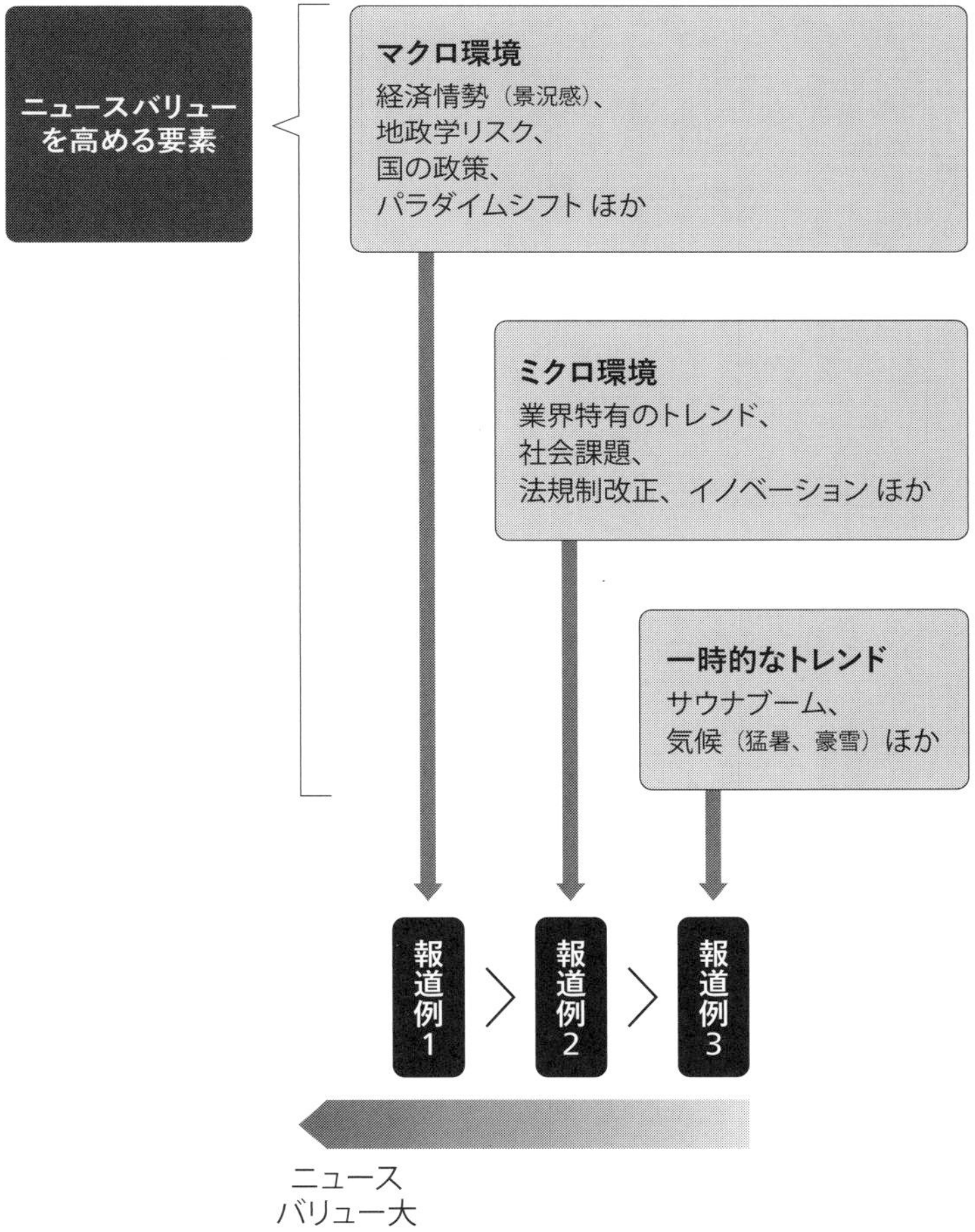

［報道のきっかけ］が経済環境や国の政策といった大きなテーマになるほど、関連して取り上げられるニュースの価値も高まる傾向にある。ただ難易度も高いので、ホームランばかり狙うのではなく身近なトレンドなどと絡めコツコツとヒットを狙うのが得策

また、会社の中で広報機能の位置づけが高まってきたら、製品やサービスを開発している段階から広報担当が関わるようにして、「報道のきっかけ」を兼ね備えた製品・サービスのコンセプトをつくり上げることができれば、より成功率の高い広報活動ができるようになってきます。コンセプトが定まったものを広報するよりも、コンセプト開発の段階から広報目線を取り込んだ方が結果は出やすいということです。

日々の報道チェックにおいて、その記事の構成要素を理解して、「報道のきっかけ」は何であったのかについても読み解くことで、自らが手がける話題の企画力、アレンジ力は鍛えられていくものです。大きく報道されている記事にはたくさんのヒントが隠れています。話題の構成要素、記者の行動特性や嗜好を読み取りながら、自分が手がける話題のニュースバリューを最大化していくこと。これこそが広報担当者に課せられたミッションになります。

テレビには記者会見で「撮れ高」を提供しよう

世の中には様々なメディアが存在します。テレビのようにリアルタイムで報道している媒体から、日刊の新聞、週刊・月刊のビジネス誌（雑誌）まで、様々なパターンに分かれます。

このほかにもメディアの属性やカテゴリーを分類する要素はありますが、報道の頻度によって扱う話題の種類は大きく異なっています。

メディアの特性を表す要素として、以下の3つのポイントがあげられます。

・即時性：リークを含めたスクープなどの鮮度の高い話題へのこだわり
・撮れ高：動きのあるシーンや重要な物事に関する象徴的なシーンの撮影ができるか
・テーマ性：社会から関心が寄せられている話題との関連性

これらのポイントを踏まえながら、それぞれのメディアの行動特性について考察していきましょう。

テレビ局

最も欲張りともいえるのがテレビ局です。「即時性」「撮れ高」「テーマ性」のすべてを高いレベルで要求します。その理由として、テレビは、ほぼリアルタイムかつ高頻度で報道していることがあげられます。また、動画での報道となるために、紙メディアよりも〝撮れ高〟を含めた多くの情報を必要とします。

ニュース番組を見ていると分かりますが、テレビの報道には、そのニュースに関連する映像が必ずセットされます。言い換えると、私たち広報担当者が、テレビ局に対して提案している話題に関連する十分な〝撮れ高〟を提供することができれば、テレビのニュースで紹介される可能性が高まります。

また、〝撮れ高〟を増やすことで放送時間（尺）を長くすることもできます。反対に、せっかくインパクトのあるニュースを提供できても、〝撮れ高〟が不十分であれば短い放送時間に留まったり、テレビでの報道は見送られてしまったりするので注意が必要です。

ここで疑問に思った方も多いでしょう。画《え》になるシーン〝撮れ高〟を提供する広報施策とは何なのか？

テレビで取り上げてほしいと思っても、テレビ局の記者は簡単にはカメラを持って取材には来てくれません。プレスリリースを出すだけでテレビ局が取材に来ることはほとんどありません。どうすればテレビ局が取材に来るのか？

〝撮れ高〟を満たすために広報担当者がまず最初に考えたい施策は、「記者会見」や「商品発表会」を開催することです。発表したいことをプレスリリースで発信するだけではなくて、メディアを会場に集めたりオンライン形式での発表機会をつくったりし、社長や商品担当者による説明と商品のデモンストレーションなどを行い、報道機関に公開します。

テレビの報道番組では、多くのニュースの冒頭で、アナウンサーはこんな言葉を発します。「今日、都内で○○の新商品に関する発表会が行われました」

テレビで取り上げてもらうには、こういえるような〝場〟を設定することがポイントであり、記者会見や商品発表会を実施すること、オンエアで使えるような〝撮れ高〟を提供することがその解になります。

記者会見と聞いて及び腰になってしまう方がいるかもしれません。経験がない方には未知の領域になると思いますので、「記者会見」や「商品発表会」では、どのようなシーンを用意すればよいのかについて**図表3−3**にまとめてみました。

このようなシーンは日ごろのニュース番組でも確認ができるので、同業他社や同じような商品に関する会見の報道も参考にしていきましょう。テレビ局の好むシーンや、尺を長くするポイントなどについて学ぶことが可能です。慣れてくると、良い話題であったのに〝撮れ

図表3-3　テレビにとって“撮れ高”となるシーンの例

区分	見せたいシーン
記者会見	調印式などのセレモニーや起工式などの神事 登壇者同士による握手やテープカットなど発表内容を象徴するシーン フォトセッション（直立、ガッツポーズ、手を取り合うなどの複数パターン） ぶら下がりインタビュー（テレビ局は１社ごとに個別対応／紙媒体は合同）
商品発表会	代表者（社長）や担当者によるプレゼンテーション 商品（製品）のデモンストレーションで実際に動かしてみせる フォトセッション（直立、ガッツポーズ、商品を手に持つなどの複数パターン） ぶら下がりインタビュー（テレビ局は１社ごとに個別対応／紙媒体は合同） ※事前に収録した製品デモ映像の提供（オンライン発表では必須）

高〟が不十分だったために尺が短くなってしまったことにも気がつけるようになってきます。

テレビでの露出を目指す場合は、よほどセンセーショナルな発表であるか不祥事などのネガティブな話題でない限り、プレスリリースだけでは〝撮れ高〟が不十分です。〝撮れ高〟を提供するためにも記者会見や商品発表会を開催し、**図表3-3**に示したようなシーンをメディアに提供する。また、テレビは最も幅広い年齢層が視聴しているので、誰が見ても理解できるように、なるべく専門用語を使わずに分かりやすさを意識することも重要です。

定期的な記者会見の実施が有効である理由

中小企業やベンチャー企業ではハードルがあるかもしれませんが、業界や社会全体におけるポジションをしっかりと築いていくためにも、社長を含めた会社の幹部が登壇する会見や発表会は、継続的に実施したいものです。リリースだけでも記事の露出は可能かもしれませんが、業界全体にインパクトを与えるようなPR活動にはなりません。会社のステージを高めていくためにも、少なくとも毎年1回、可能であれば半年に1回程度の頻度で、メディアを集めたイベントを開催することを心がけていきましょう。

記者会見などの機会を積み重ねることによって、登壇する社長や商品担当者はメディア対応に慣れていくものです。これは、不祥事を含めた不慮のメディア対応への適応力の養成にもつながります。また、広報担当者としても、記者会見の司会者として、会見全体を仕切るスキルなどを養う大事な経験にもなります。会社が成長していくステップの一環として、会社の規模にかかわらず、どんな企業でも、一定頻度で記者会見や商品発表会を開催していってほしいと考えています。

新聞

新聞は、「即時性」と「テーマ性（旬）」を重要視しています。新聞の大半は毎日発行する日刊紙です。テレビには劣りますが雑誌に比べて発行（報道）頻度が高いので、即時性を重要視し鮮度を高めて、テレビよりも深く報道することで媒体としての差別化を図っています。新聞業界は全国紙、ブロック紙、地方紙まで含めると競合が非常に多いため、テレビや雑誌に比べると、他紙がまだ報道していない独自ネタ（スクープ）にこだわる傾向が強いことも特徴です。したがって、各紙の1面トップにはスクープが掲載されることが日常的です。

こうしたことから、新聞記者の関心を引きつけるコツとして、自社の話題に〝即時性〟を持たせることが重要となりますが、それに加えてその時の〝テーマ性〟にも絡めると、いま報道する必然性を高めることが可能です。〝テーマ性〟とは、その時の景気や物価などの経済情勢、国の政策、さらには法改正や規制緩和によるビジネス環境の変化などとの関係性。サウナブームのような消費トレンドも含まれます。

紙媒体であることからビジュアル面での〝撮れ高〟にはそれほどこだわらないので、必ずしも記者会見を開催する必要はないのですが、世の中の世相を表すトレンドを含めて新聞購読者の関心を引きつける〝テーマ性〟を満たした話題を提供していきましょう。

雑誌（ビジネス誌）

雑誌はテレビや新聞に比べると発行（報道）頻度が最も少ないメディアとなります。ビジネス誌もウェブ版の運営に力を入れ始めていますが、報道体制がテレビや新聞に比べると手厚くないことから、本質的なスピード勝負には参戦していません。〝即時性〟は追求せずに、〝テーマ性〟を最重要視し細部にわたる深い報道に徹しながら独自性を極めています。もちろん企業から発表された最新ニュース（ストレートニュース）のコーナーもありますが、テレビや新聞では数日前に報道された内容になってしまうことが多いので、それほど大きな扱いにしていません。

ビジネス誌の報道傾向をつかむ上で分かりやすいのが、過去1年程度の表紙を見比べることです。オンライン書店などでバックナンバーを表示させると簡単に見比べることができます。これを見ると、季節的なパターン、法改正の前後、公示地価や人口統計などの発表、その時の景況感などを背景に、どのような特集が組まれるかについての傾向と対策を考えることが可能です。特集が組まれる季節性を踏まえながらネタを提供していきましょう。その月のメイン特集のネタ元になることができれば理想的です。

例えばこんな思考を頭の中で行ってみてください。

……3カ月後に○○関係の法改正が予定されているよな。ビジネス誌はそれに向けて、そろそろ特集を組もうとするはず。当社では、その法改正に合わせた社内規程の改訂や新たな人事施策を近々発表する予定だから、それをネタにしてみよう。そして、来月に予定されている社員説明会の様子や、実際に法改正を先取りして活動しているユニークな社員や部署への取材もできることをセットにして、○○記者に取材の提案をしてみよう……

毎日輪転機を回すことができる新聞と違って、ビジネス誌の取材サイクルは比較的長くなります。取材を受けてから記事が世に出るまでに少なくとも1カ月程度の時間を要することが普通です。テレビや新聞よりも時間軸が長くすぐに報道できないことから、取材を始める時期も少し早くなる傾向にあります。私たちがネタを提案する時期も少し早めにすると良い

でしょう。

取材案内やプレスリリースのつくり方

メディアの興味を引きつける話題がつくれたら、その話題の魅力を伝える取材案内やプレスリリースを作成し幅広いメディアに案内していきましょう。これらの文書は、いわばメディアに対する申請書となるものです。基本的なフォーマットに従って、メディアが受け止めやすい内容・構成で作成しますが、旬なテーマやホットな社会トレンドに絡んでいることを分かりやすく記載することも重要です。

取材案内でタイトルに必要な要素になることは次の2つです。

・旬なテーマや社会トレンドに絡んでいること
・動きのあるシーン（十分な〝撮れ高〟が期待できるか）

メディアは日々大量のリリースに目を通さないといけないので、リリースのタイトルやメールの件名は、明瞭簡潔にその話題の価値が伝わるものにしないといけません。私が手がけた取材案内を例に、基本的なフォーマットとメディアを引きつけるポイントを解説します。

私の所属するアステリアがこの取材案内（図表3-4）を配信したのは2020年11月です。コロナ禍によってテレワークを導入する企業が拡大する中で、オフィススペースを縮小する企業が増えはじめていたころでした。

当社の思惑としては、オフィスを縮小することを既に複数の企業が宣言していたので、次のような考え方のもとで広報戦略を練りました。

……オフィスを縮小することをいまから普通に発表しても大した注目は集められないだろう。ただ、何か象徴的な見せ場をつくることができれば、テレビ局を含めて大きく紹介されるタイミングだ。また、報道の入り口はオフィス縮小というトレンドに寄せておきながら、ほぼ無人となるオフィスで活躍する自社製センサーやそれを制御するソフトウェアを紹介する構成にできるはず。働き方改革だけに関連した浅い話題に留めるのではなくて、製品PRにもつながる話題に仕立てることで一連のPR活動に全社を動員することも可能

図表3-4　取材案内の注意点

Asteria

2020年11月20日

報道機関各位・取材案内

※ご案内内容はお祓い会当日の解禁です。
事前報道はお控え願います。

アステリア株式会社

【 本社執務スペース退去に際して オフィスに感謝のお祓い会 を実施 】

コロナ禍でテレワークが常態化。本社スペースの半減を決定！

ほぼ無人のオフィスはAIとIoTが監視するスマートオフィスに（当日初公開）

神主によるお祓いシーン、無人オフィスでの3密監視システムや植栽への自動注水ツール等のデモも公開

日時　2020年12月2日（水）12:30～14:00／会場　アステリア本社（大井町）

拝啓　平素は格別のご高配を賜り誠にありがとうございます。

アステリア株式会社（本社：東京都品川区、代表取締役社長：平野洋一郎、証券コード：3853、以下 アステリア）は、コロナ禍によりテレワークが常態化したことから本社スペースを半減することを決定し、本社執務スペースの退去に伴い、長年入居していたオフィスへの感謝のお祓い会を実施します。

また、2021年1月からほぼ無人となるオフィスは、カメラやセンサーによるAI・IoTを活用した監視と管理を行うスマートオフィスとしてリニューアルし、CO2センサーを活用した3密回避（監視）、生産性向上システムや観葉植物の灌水自動化など様々なオフィス管理の自動・遠隔化を開始します。

12月2日（水）12時半から行うお祓い会では、[redacted]神社（東京都品川区）の神主によるお祓いシーンに加えて、翌1月から稼働を開始するスマートオフィスについても公開&デモンストレーションなどを公開します。

上記の模様は報道機関の皆さまに公開しますので是非ともご取材のご検討をお願い致します。なお、ご参加いただける場合は、別紙の要領にて取材申込みをいただけましたら幸いです。3密回避の観点で、ご取材を希望する方が増えた際には入場制限をさせていただく場合がございますことも予めご承知おき願います。

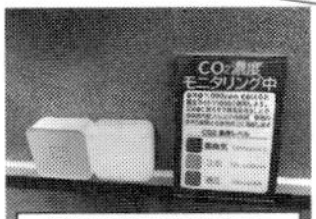

全会議室に設置されるCO2センサー
（三密状態になると警告を発令）

【 オフィスへの感謝のお祓い会&最新スマートオフィスのデモンストレーションの概要 】

日時	2020年12月2日（水）12:30～14:00 ※個別取材ご希望の方は終了時刻後も対応可能
会場	アステリア株式会社 本社1階セミナールーム （東京都品川区大井一丁目[redacted]）
登壇者	アステリア株式会社 代表取締役社長CEO 平野 洋一郎（ひらの よういちろう） [redacted]
タイムテーブル	12:30 本社スペース半減に向けた構想の発表 AIとIoTが監視（管理）するスマートオフィスの概要説明 13:00 神主（鹿嶋神社）による退去するオフィスのお祓い会 13:20 スマートオフィスでのデモンストレーション 13:50 フォトセッション 14:00 ぶら下がりインタビューへの対応

次頁に続く

注）一部の企業・個人名は、プライバシーへの配慮から黒塗りにするなどの加工を施しています（102ページ、105ページも同じ）

5W1Hを明記する。また、いまの旬に絡んだ話題であることを、分かりやすくキャッチーに明記する。神主の方によるお祓い会であること、AIやIoTによるデモも見られることをタイトルに記載することで、テレビ局に対して“撮れ高”があることを訴求している。

タイトルに記載したことを文章にして丁寧に説明する。取材案内の場合は簡潔な内容でOK。当日見せられるものの写真があれば掲載しておく。

会見当日の概要を簡潔にまとめる。登壇者が誰であるかも、取材するか否かの判断に影響を与えるので、所属企業、肩書、氏名を明記しておく。タイムテーブルで、会見で具体的に何を見せることができるかを明示する。

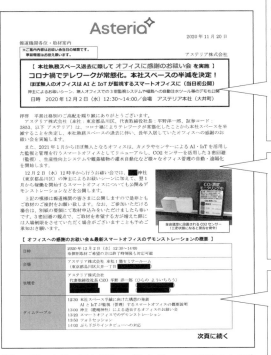

――だ……

このような思惑のもとで、取材案内では以下のポイントをメディアに対して訴求する内容にして案内を開始しました。

旬なテーマや社会トレンド

・コロナ禍により拡大した就業形態「テレワーク」の普及による企業の新たなアクション
・オフィス半減、個人デスクの廃止など、テレワークを前提としたオフィス環境への変革

動きのあるシーン（十分な〝撮れ高〟が期待できるか？）

・20年間利用していたオフィスへの感謝のセレモニーとしての〝お祓い〟を実施
・ほぼ無人となるオフィスで稼働し続けるＡＩカメラやＩｏＴデバイスのデモ

私が主催する広報勉強会の講義を通じて様々な企業の取材案内やリリースを拝見すること

があるのですが、メディアの関心を射止めることができないよくあるパターンとして、「なぜいま、それをやるのか」についての明確な説明がないものがあります。会社の思いだけがまとめられているので、そういう文書は超大手企業でない限りメディアの興味を引きつけることができません。

なぜいまなのか？　についての明確な根拠や説明がないことには、ゴミ箱直行の文書になってしまうので注意してください。

ちなみに、先ほどの〝感謝のお祓い会〟の当日には、次のプレスリリースを配布しました（図表3－5）。ここでは、テレワークではなく製品PRにつながる報道に落とし込むために、設置するＩｏＴデバイスの個数などの数字情報や当日デモンストレーションを披露したソリューションに関するトピックスを多めに盛り込んでいます。

最終的に〝感謝のお祓い会〟は、ＮＨＫ、フジテレビ、ＴＢＳテレビ、テレビ東京のニュース番組で紹介されるとともに、新聞やビジネス誌でも幅広く紹介されました。

図表3-5 “感謝のお祓い会”当日に配布したプレスリリース

報道発表資料

Asteria

2020年12月2日
アステリア株式会社

コロナ禍とニューノーマルな時代に対応する新しい働き方を推進
テレワークの常態化により本社オフィスのスペース半減を決定！
ほぼ無人のオフィスは約50個のセンサーとAIが監視するスマートオフィスへ

アステリア株式会社（本社：東京都品川区、代表取締役社長：平野洋一郎、証券コード：3853、以下アステリア）は、コロナ禍とニューノーマルな時代に対応する新しい働き方を推進するために、本社オフィスのスペースを半減することを決定しました。また、テレワークが常態化したことでほぼ無人となることが多いオフィスは、約50個のカメラやセンサーによるAI・IoTを活用した監視と管理を行うスマートオフィスとしてリニューアルし、CO_2センサーを活用した3密回避（監視）、顔認証を用いた出社確認、部門毎の郵便物通知、観葉植物の灌水自動化など様々なオフィス管理の自動化・遠隔化を開始することを発表します。

■本社オフィス半減とスマートオフィス開設の背景

アステリアでは新型コロナの感染拡大を受け2020年1月末から全社員対象のテレワーク推奨を実施、4月の緊急事態宣言から現在にいたるまで9割以上のテレワーク実施率を継続しています。このようなニューノーマルな時代に対応した新しい働き方を推進する中で、テレワークが常態化したことから本社オフィス1,140㎡の半分以上にあたる約610㎡の執務スペースからの退去を決定。本日、20年にわたる執務スペースの利用に感謝の意を表し、祈祷式を実施しました。

本社執務スペースでの祈祷式の様子
12月2日午後 @品川区大井

また2021年1月より、ほぼ無人となることが多い本社オフィスには、アステリアが開発・販売するAI搭載IoT統合エッジウェア「Gravio」が制御するIoTセンサーを約50個設置し、スマートオフィスとしてリニューアルします。具体的には、CO_2センサーによる3密状態の自動検知と警告の発令、オフィス内の観葉植物への給水を自動化し、AIカメラソリューションと連携し出社した社員の自動検知（認識）など、無人オフィスでもAIとIoTが監視するスマートオフィスの運用を開始します。

各会議室に設置されるCO2センサー

オフィスの状況（温度、湿度、CO2濃度、在室状況）を社員のスマートフォンから確認する様子

1

テレビ、新聞、雑誌のターゲットの違い

第1章で紹介した総務省情報通信政策研究所の調査結果（43ページ／図表1-2）からも分かるように、テレビは最も幅広い世代が利用している媒体なので、高いレベルで〝分かりやすさ〟を要求します。幅広い一般生活者として老若男女の誰が見ていても容易に理解できるような放送内容にしなければなりません。

テレビ局には、広報担当者がその点を理解して情報を提供するとともに、社長インタビューなどでは平易な表現でのコメントを徹底します。インタビューで専門用語を多用すると、尺（放送時間）が短くなるだけでなく最悪の場合ではボツになるなど、せっかく撮ったインタビューが使われないこともあり得ます。

その一方で、ビジネス誌のリーチ範囲はテレビには劣りますが、ビジネスパーソンの比率が非常に高くなるので、専門性の高いことであってもそのまま紹介されることが多いと思います。深く掘り下げて報道することで媒体としての独自性を追求する報道姿勢をとっているので、思いの丈を語る上では有効な媒体といえるでしょう。

中間にあるのが新聞です。日本経済新聞はビジネスパーソン寄りですが、地方紙を含めた一般紙（全国紙）は、購読層は基本的にはテレビと同じような構成になります。したがって、言葉遣いを含めて、万人にとって分かりやすく説明する必要があります。

このように、どういう人たちがそのメディアを見ているかによっても、広報担当者は伝える情報を調整しなければなりません。そして、専門性を抑制し誰にでも理解できるように目線を下げることで、より影響力の大きなメディアで紹介してもらえる可能性が高まります。

私は、一般の生活者をターゲットにしているメディアでは、横文字や専門用語を極力使用しないようにしています。専門的な言葉はどのように言い換えればよいのかについて、広報側で答えを用意しておくことができるとスムーズです。専門性の高いBtoB企業がテレビや一般紙にネタを売り込む時や取材を受ける際には、お茶の間の目線に合わせる意識が特に重要です。

メディアへのアプローチ方法①
記者クラブの使い方

広報の間でも意外と知られていないのが記者クラブの使い方です。全国各地には、広報担当者が利用できる記者クラブが存在します。規模にもよりますが、記者クラブには数十のメディアが所属していて、クラブへのリリース投函を通じて、直接つながっていないメディアに対してもプレスリリースや取材案内を届けることが可能です。なお「投函」とは、記者クラブに設置されている各メディアのポスト（ボックス）に、会社が作成したプレスリリースなどの文書を届けることを指します。

それでは、記者クラブとはどんな場所なのか、どのようにして使えばよいのか、について解説していきます。

記者クラブはどこにあるのか

行政機関では、官公庁・都道府県庁・市役所・町村役場などに設置されています。民間で運営されているものでは、自動車産業記者会、重工クラブなどの業界団体が中心になって運営しているものや、証券取引所、日本銀行、全国の商工会議所などにも設置されています。

何のために設置されているのか

情報発信の主体となる行政や企業と報道機関を効率よくつなげる場として運営されています。テレビ局、新聞社、通信社などが中心になって運営しているので、雑誌や新興メディアは所属していない場合が多いです。

また、官公庁に設置されている記者クラブは、全国紙やテレビ局など一般的なメディアが属する記者クラブと、業界・専門紙誌が所属する専門記者会に分かれています。それぞれのクラブに所属しているメディアを確認し、記者クラブに属していないメディアには別の連絡方法を考えることになります。

例：国土交通省の場合
一般メディア：国土交通記者会
専門メディア（建設）：国土交通省建設専門紙記者会
専門メディア（運輸）：国土交通省交通運輸記者会

どのように利用するのか

官公庁に設置されているクラブには、その省庁の管轄領域に関連した分野を担当する記者が在籍しています。文部科学省であれば教育や科学技術、経済産業省はテクノロジーやエネルギー、厚生労働省は医療や介護、さらには働き方改革などについても担当しています。また各地域の記者クラブに提供する際は、その土地の政治や企業に関わる話題である必要があります。このように、その記者クラブに在籍する記者が求めている話題を投函します。

また、記者クラブの利用にあたっては、それぞれに厳格なルールがあるので注意が必要です。プレスリリースを投函するためには、基本的に事前予約が必要です。記者クラブの方や在籍するメディアに迷惑をかけないように、いきなり訪問しないようにしましょう。

まず、官公庁や県庁などの代表番号に電話をして、記者クラブにつないでもらいます。そこで、リリースを投函したいことを伝え、所定の手続きを教えてもらいます。リリース投函の予約時期が、投函日の前日までや2日前までなどと、記者クラブごとにルールが異なります。また申請方法も異なりますので、投函予定日の遅くとも1週間前までにまずは電話をして教えてもらいましょう。

また、地方の場合、基本的に県庁に設置されている「県政記者会（クラブ）」への投函となるので、まずは県庁の代表電話に連絡をして県政記者会につないでもらい、投函方法についての手ほどきを受けます。ただし、大都市の場合は民間用のクラブが別途用意されている場合があります。この場合は、県政記者会の方が民間企業の記者クラブがどこにあるかについて教えてくれますので、その指示に従ってください。

少々手続きは煩雑なのですが、記者クラブに投函することで、個別に連絡先が確認できていなくてもそのクラブに所属する20〜40程度の媒体にプレスリリースや取材案内を届けることができます。こうしたメリットがありますので、面倒くさがらずに記者クラブを活用してみてください。以前はリリースを記者クラブに持参することが必須でしたが、コロナ禍の影響でオンライン化が進み、メールなどでのやり取りのみでリリース投函ができるようになってきています。地方を含めて、自社の話題に関心を持ってくれそうなメディアがいる記者クラブには幅広く投函してみてください。

記者クラブの連絡先は、日本パブリックリレーションズ協会が発刊している『PR手帳（広報・マスコミハンドブック）』にその多くが記載されています。なお、地方のケースで市町村に特化した話題であれば、先述の県政記者会に加えて、各市町村の役所・役場に設置されている記者クラブへの投函も有効です。この場合も各市役所・町村役場に電話で連絡をして、記者クラブの有無を確認し、ある場合には投函方法について手ほどきを受けます。

記者クラブへの投函に適した話題

基本的に、記者クラブに所属するメディアは大手の報道機関となります。お茶の間をターゲットにしたメディアが中心となりますので、一般生活者にも理解できる話題である必要があります。専門性の高い話題は不向きですが、一般的な新聞やテレビで取り扱える可能性のある話題であれば積極的に投函していきましょう。

なお、官公庁に設置されている専門記者会や、民間で運営されている自動車産業記者会などは、業界・専門媒体も所属するクラブです。専門性が高い話題でも興味を持ってくれる場合がありますので、別の判断軸で投函すると良いでしょう。

メディアへのアプローチ方法②　メディア向け勉強会

メディアの新規開拓では、記者クラブの利用が最も手軽で効果的なのですが、より効率的に、そしてより多くのメディアの開拓を一度に実現する手法が「メディア向け勉強会」を開催することです。

報道機関の皆さんは毎日大量の話題を処理していますが、日々の報道に追われてなかなか基礎的な知識を身につける機会がありません。特に急に注目を集めることになった先端テクノロジーや、新たな法規制が業界に与える影響などについては、インプットの場を求める記者が日常的に多いと感じています。

そこで、急に注目を集めるようになった話題や、これからホットになりそうな物事に関する知見が社内にあるのであれば、それをメディアに教示する機会として「メディア向け勉強

図表3-6　メディア向け勉強会のテーマ設定と構成

	内容	ポイント（テーマ例は過去の参考事例）
テーマ設定	法改正による業界への影響	法改正の少し前のタイミングで実施 （テーマ例：インボイス制度、デジタル給与、物流・医療・建設業界の 2024 年問題 ほか）
	先端技術に関する基礎知識	「いまさら聞けない○○技術の基本」といったようなタイトルも主流 （テーマ例：生成 AI、メタバース、NFT・ブロックチェーン、サイバー犯罪などの解説 ほか）
	新たな業界トレンドに関する解説と業界展望	急に注目度が高まってきている物事に関する機動的なセミナーも有効 （テーマ例：リスキリング、インパクト投資、ウェルビーイング、移住ブーム ほか）
全体構成	所要時間：60 ～ 90 分程度 ①基礎知識の解説 ②業界展望の説明（パネルディスカッション） ③質疑応答	会社の代表者（社長）or 担当者が登壇 必要に応じて外部の有識者に登壇を依頼 （特に法律や医薬に関するテーマでは、信ぴょう性や客観性を確保するために弁護士や医師の登壇が有効）

会」の開催をお勧めします（図表3-6）。

よりイメージをつかみやすいように、私が手がけたメディア向け勉強会の案内状をご覧ください。これは2021年4月に実施したNFT（非代替性トークン）に関する勉強会です（図表3-7）。当時は、急にNFTに関する熱量が高まってきていたころで、報道熱が高まる中、しっかりとした知識をつけよう、学ぼうとする記者が多く存在しました。そうしたメディア

図表3-7　NFTをテーマにしたメディア向け勉強会の案内状

Asteria

関係者各位
報道発表資料

2021年4月22日
アステリア株式会社

【NFTに関する特別講座について】
昨今、世界的に盛り上がりを見せるNFTに関する勉強会を開催
NFTの基礎知識や、弁護士による法的論点を解説
アステリア社長と[redacted]社長が今後の可能性や課題について対談
日時：4/28（水）16:30～17:30/@Zoom ウェビナー　※参加費無料

アステリア株式会社（本社：東京都品川区、代表取締役社長：平野洋一郎、証券コード：3853、以下アステリア）は、4月28日（水）16時30分から、昨今デジタルアート分野を中心に話題となっているNFT（Non-Fungible Token）に関する勉強会を開催することを以下の通りご案内します。

はじめに、NFTが誕生した背景やその仕組み、なぜ今注目されているのかについて、アステリアのブロックチェーン技術エバンジェリストである[redacted]が基礎レクチャー。NFTに関連する法規制やビジネスを展開する上での注意点について、[redacted]の[redacted]弁護士が解説します。最後に、NFTの活用がさらに広がる可能性や懸念をテーマに、アステリア株式会社 代表取締役社長の平野 洋一郎とNFTの実装技術を保持する[redacted]株式会社代表取締役社長の[redacted]氏が対談します。

本勉強会では質疑の時間も設けていますので、疑問点・不明点などお気軽にご質問下さい。

<NFTに関する勉強会の概要>

開催日時	2021年4月28日（水）16:30～17:30
申込方法	以下のページから4月28日の12時までにご登録願います https://xxxx.zoom.us/webinar/register/xxxxxxxx ID: ●●●● パスコード: ●●●●
参加対象	報道機関、機関投資家、他

■ タイムテーブル（予定）※Zoomでの開場予定16:25

時　間	内　容
16:30-16:35	開会・当日の次第説明
16:35-16:45	NFTの基礎解説 講師：アステリア（株）エバンジェリスト [redacted]
16:45-17:00	NFTに関連する法規制やビジネスを展開する上での注意点 講師：[redacted] [redacted]弁護士
17:00-17:25	対談：NFT活用の課題と可能性 対談者：アステリア（株）代表取締役社長 平野 洋一郎 [redacted]（株）代表取締役社長 [redacted]氏
17:25-17:30	質疑応答

【プレスリリースに関するお問い合わせ先　（報道機関窓口）】
アステリア株式会社　広報・IR部：●●●●・●●●●
TEL：03-xxxx-xxxx ／ 携帯電話：xxx-xxxx-xxxx ／ E-mail：xxxx@xxxx.com

NFTへの報道熱が高まりつつあるタイミングで実施したこともあり、勉強会には約100人のメディア関係者が参加した

のニーズに応えるために企画したこの勉強会には約１００人のメディアが参加しました。

このようなメディア向け勉強会でも記者クラブを通じた案内が有効で、いままで接点のなかった新規の記者からの問い合わせや参加申し込みにつながります。また、旬なテーマに合致し記者にとっても有益な内容であれば、報道機関の社内掲示板などでも共有されるとともに、先輩記者から後輩に対して「この勉強会に参加するように」と紹介をしてくれることも多々あります。

飲み会などでメディアを開拓している方も少なくないと思いますが、このようなメディア向け勉強会を軸にした新規メディア開拓が軌道に乗ってくると、新規開拓にかける時間が節約できて広報活動の効率がかなり高まります。

そんなに頻繁に開催できるものではありませんが、少なくとも年に2回程度は自社のビジネス領域や持ち合わせている知見に関わるテーマが、社会や業界の注目を集めホットになるものです。そのタイミングを逃さずに、メディア向けに自社の知見を共有する場を設けてみてください。うまくいけばそのテーマにおけるポジションの獲得につながり、新聞の解説記事へのコメント提供を依頼されたり、テレビ局の報道番組でそのテーマについての解説者やコメンテーターとしての出演を依頼されたりすることもあります。

メディア向け勉強会を開催することで、そのテーマについて当社は詳しいですよ、というメッセージを発信することができ、記者からの取材オファーの獲得にもつながります。知見を持っている領域では積極的にメディア向け勉強会を企画していきましょう。

メディア向け勉強会で事件の背景を解説

そんなに頻繁にできることではありませんが、稀に、世の中を騒がせている犯罪や事件の概要を解説するメディア向け勉強会が有効な場合もあります。特に、ＩＴを用いた先進的な領域におけるサイバー犯罪などの場合、技術的な背景が理解できていないと、記者であっても犯罪の全体像を正しく理解することができません。

また、実態が正しく理解できていなくても、メディアは報道しなければならないので、難解な事件の場合は不正確な知識に基づいた記事が出てしまうことがたまに起こります。こういう報道が多発すると、その業界や技術の健全な発展に支障をきたす恐れがあります。これから紹介するメディア向け勉強会は、主にそういう懸念を回避する目的で企画したものです。

２０１８年１月に発生した暗号資産流出事故の原因と、それを理解するためのブロック

図表3-8　暗号資産流出事故を解説する勉強会の案内状

BCCC

関係者各位
報道発表資料

取材のご案内・本日開催

2018年1月29日
一般社団法人ブロックチェーン推進協会（BCCC）

リスク管理部会で ●●●●●社における仮想通貨流出問題を緊急解説
技術のポイントと仮想通貨事業者のリスク管理の在り方を協会メンバーと共有
[redacted]社長の[redacted]氏（BCCC 副代表理事）がレクチャーします
日時：1月29日（月）16:30～、会場：インフォテリア本社（大井町）

一般社団法人ブロックチェーン推進協会（代表理事：平野洋一郎、インフォテリア(株)代表取締役社長、以下 BCCC）は、1月29日（月）16時30分から開催する定例のリスク管理部会において、**●●●●●社における仮想通貨流出問題を緊急解説することを決定しましたので以下の通りご案内します。**

今回のリスク管理部会は定例的な部会となりますが、冒頭に仮想通貨流出問題における技術のポイントと仮想通貨事業者のリスク管理の在り方を BCCC 協会メンバーと共有します。講師は BCCC 副代表理事の[redacted]氏（[redacted]株式会社、代表取締役 CEO）です。

本日のリスク管理部会には、BCCC 加盟企業からブロックチェーン関連事業者、セキュリティー事業者、その他ブロックチェーン技術の導入を検討している企業などから50社程度の参加を見込んでいます。当日になってからのご案内となり恐縮ですが、報道機関の皆さまにおかれましてはご取材のご検討をお願い申し上げます。可能な範囲で協会幹部による個別インタビューなどにも対応しますので、ご希望の方は事前にお知らせください。
なお、ご参加いただける場合は、裏面の Fax 送信用紙、もしくはメールにて必要項目を事前にご連絡願います。ご検討の方も含めてご一報いただけましたら幸いです。

■「リスク管理部会」の概要

開催日時	2018年1月29日（月）、16:30～19:00（開場 16:00）
会場	インフォテリア（株）本社内　IoT Future Lab. セミナールーム 所在地：東京都品川区大井1丁目[redacted]
講演者	・BCCC 副代表理事 [redacted]株式会社　代表取締役 CEO　[redacted]氏 ・BCCC リスク管理部会 部会長 株式会社[redacted]　代表取締役社長　[redacted]氏 ＜タイムテーブル：目安＞ ※16:30～16:45頃　リスク管理部会長　[redacted]氏からの解説：時系列の整理 16:45～17:45頃　BCCC 副代表理事　[redacted]氏からの解説 （技術的なポイントや仮想通貨事業者のリスク管理の在り方について） 17:45～19:00　参加メンバーによるディスカッション等 タイムテーブルには若干の変動もありえますことを予めご了承願います。
参加対象	BCCC 会員、報道機関

（次ページに続く）

1

2018年1月に発生した暗号資産流出事故の原因と、それを理解するためのブロックチェーンの基礎知識を解説。告知から半日で100人超の申し込みがあった

チェーンの基礎知識を解説しました（図表3―8）。

この当時、暗号資産はブームになっていたとはいえ、取引記録の台帳の役割を担うブロックチェーンの仕組みなど、技術に関する社会のリテラシーはほとんどありませんでした。世界でも例のない前代未聞の流出事故で、暗号資産を管理する仕組みの堅牢性やそれを支える技術について熟知したフィンテック担当の記者も皆無な状態。この当時、私は一般社団法人ブロックチェーン推進協会（BCCC）の事務局長も務めていましたので、流出事故の発覚以降、知り合いの記者から「今回の暗号資産流出の概要や原因について解説してほしい」という相談を数多く受けていました。

そこで、この流出事故の当事者ではありませんでしたが、協会の幹部メンバーとも相談したところ協会内に専門的な知見を有するメンバーが複数いたことから、以下の目的でメディア勉強会を企画しすぐに開催しました。

メディア向け勉強会を開催する目的

1. 流出事故の概要を専門的な知見に基づいて客観的に説明し、報道を通じて社会全体の正しい理解を促す

2. 短絡的なネガティブ報道によってブロックチェーン技術自体が否定される世論の形成の阻止と、この技術によるイノベーションの芽が摘まれてしまうことを抑止する
3. 技術啓発を担う業界団体としての社会的な責任を果たすことと同時に、自らの存在意義や価値を高める

メディア向け勉強会は、時として機動力も問われます。金曜日の夕方に流出事故が発覚してから土日を挟んで月曜日の午後に開催。取材案内は開催当日の午前11時頃に配布して、メディア勉強会は午後4時半に開催したのですが、わずか半日足らずの間に100人以上のメディアから参加申し込みがありました。そのうちの約3割は、いままで接触したことのない記者でした。また、この勉強会以降1週間程度の間、協会関係者が専門家としてテレビ番組で事件の概要を毎日解説することにも。露出が増え協会の認知が拡大したことから、この勉強会は新規会員の獲得にも大いに貢献することとなりました。

機動的なメディア勉強会を通じて、そのテーマについてのポジションが獲得できること、タイムリーな開催にすることで新規メディアを含めて多数の記者とつながれることについて、お分かりいただけたかと思います。

アイスブレイク

リークのメリットと弊害

リークとは、これから発表しようとしている情報を特定のメディアのみに先に伝えることを指します。メディアへの発表はプレスリリースなどで一斉に広く行うことが原則ですが、発表直前に1社だけに知らせることで、そのメディアで大きく扱われることを狙うものです。即時性を重要視している新聞に対しては、リークをすることで扱いの大きな報道につなげることができる場合があると説明しましたが、他のメディアを欺く行為でもあるので、実行にあたっては注意と配慮が必要です。

必ずしもリークを否定するわけではないのですが、次のようなリスクがあることを理解しておきましょう。

・特定のメディアに便宜を図る行為であるために倫理的には問題がある。上場企業の場合、株価に大きなインパクトを与える話題をリークした場合、証券取引所から情報管理体制の不備を問われる場合がある。「本日の記事は当社が発表したものではありません」という趣旨の開示を取引所の指導により速やかに実施することを求められる場合がある。

こうした問題を孕んでいることから、社内のコンプライアンスに関する指針などと照らし合わせて、メディアに対する情報リークを良しとしない方針を掲げている企業も少なくありません。

・ニュースバリューが高くても、リークされた話題は他のメディアでは扱いが小さくなったり掲載が見送られたりし、報道機会を損失する場合がある。本質的にニュース価値の高い話題は、リークしないほうが幅広いメディアで取り扱われる可能性が高くなる。

・毎回同じメディアにばかりリークをしていると、他のメディアからの興味や関心が薄れていく。その結果として、リークをしていないメディアからの取材依頼や問い合わせなどが来なくなる場合がある。

・リーク報道の内容に大きなインパクトがあった場合には、他の媒体でもすぐに後追い的な「追いかけ報道」が始まる。リークしてもらえなかった媒体の記者から広報担当に電話がかかってきて、他の媒体にリークしたことについてのクレームを受けることになる。

このように、リーク対象でないメディアとの関係が悪化するリスクがあるので、リークを実行する際に広報担当者には、リークしなかったメディアから嫌われないように、良好な関係を維持するためのコミュニケーション技術も求められます。

なお、追いかけ報道が行われる場合は、時間を問わず連絡が来ることにも注意しましょう。記者にとっては、重要な情報がリークされてしまった時、いわゆる「他紙に抜かれた」際にはデスクから怒られる場合もあるので、そうした職場の事情や記者の心理にも配慮ができると良いでしょう。

第4章

つくり方から届け方までプレスリリース完全攻略

事故の報告がプレスリリースの起源

多くの広報担当者にとって、最も時間を費やしている業務はプレスリリースの作成や配信ではないでしょうか。本章では、プレスリリースの定義や役割を再確認し、より効果的なプレスリリースとはどのようなものなのかについて考察していきます。

そもそも、プレスリリースは誰が何のためにつくり始めたのでしょうか。

意外なことに、それは鉄道事故の詳細を伝えるためにまとめられた文書でした。１９０６年に米国で発生し多数の死傷者を出したアトランティックシティ鉄道事故の際に、事故の内容や鉄道会社の声明をまとめたものが世界初のプレスリリースといわれています。

当時の企業では、ネガティブな話題はひた隠すのが通例でした。会社を説得しその慣習を打ち破り、世界初のプレスリリースを通じて社会やメディアが求める情報を積極的に開示していったアイビー・リーは「広報の父」と呼ばれています。

現代では、新商品発表などのポジティブな話題を発信するために利用されることが大半ですが、実は危機管理広報の現場で生まれたことは広報の歴史の中で重要な事実だと思います。これが意味するのは、プレスリリースは、自分たちが伝えたいこと、宣伝したいこと、自分たちにとって都合の良いことだけを書き記すためのものではない、ということです。

広報という業務が〃広告〃と異なる点ですが、内容をコントロールすることができる広告と違い、報道（パブリシティ）の現場では常にメディアや読者にとってのベネフィットが必要です。つまり、それを知って何の得になるのか、ということです。

鉄道事故のようなネガティブなインシデントに関するプレスリリースでは、事実を包み隠さず誠実に開示し、そして潔く自分たちの責任について語ることで、メディアや社会の満足度を高められる可能性があります。それでは、ポジティブな話題に関するプレスリリースでは、情報の受け手を満足させるためにはどんな要素が必要でしょうか。

非常に難しいテーマですが、私たちはこのことを念頭に置きながら日常的に発信しているプレスリリースの中身を吟味していくことになります。広報担当以外の関係者にはこの視点はないので、内容を吟味する際に事業部門と意見がぶつかりやすいポイントでもあります。

また、プレスリリースは日々大量に発信されています。記者クラブの投函ボックスには、毎日大量のリリースが積み上げられています。あのリリースの中で、いかにして記者の記憶に残る内容にするか。残念なことに、大半のリリースは自社の宣伝しか書かれていないために読者にとってのベネフィットが欠落していることが実情です。多くのメディアの関心を引きつけるには、まずこの点を改善していかなければなりません。プレスリリースにも〝あざとさ〟が求められるのです。

会社の公式文書としての役割

プレスリリースは会社にとっての公式文書で、企業や団体が、公式発表を行ったという証拠にもなります。記載されていることはすべて会社の公式なコメントとなるため、そのまま報道の中で使われる場合もあります。

少し脱線しますが、ある事象や疑惑について、企業が公式に認めたり否定したりするツールとしても重要な役割を担っています。例えば、企業や経営者のＳＮＳが炎上した時に、裏取りを重視するテレビ局や新聞社などの大手メディアはこの段階では報道しません。ネット系のメディアが炎上の段階で報道を開始する一方で、プレスリリースなどによる公式発表があるまでは真偽が定かではないということで大手メディアは動かないのです。企業のスキャンダルに関する報道で、裏取りを重視するテレビや新聞に対して週刊誌やネット系媒体が先行するのはこのためです。

だからといって、疑いがかけられている疑惑について、企業が無言を貫いたほうが良いわけではありません。その疑惑が明らかに事実に反する場合は、毅然とした態度で自らの正当性を訴えるプレスリリースを発信します。残念ながら事実であった際には、重篤度に応じて謝罪会見などを速やかに実施し、社会に対する説明責任を果たしていくこととなります。

このように、自分たちが発信したい場合だけではなくて、時として社会からの要請を受けて発言せねばならない局面でも、プレスリリースは重要な機能を担うことになります。広報担当の皆さんには、プレスリリースにはこのような〝重み〟があることも理解しながら、上手に活用していく姿勢や技術が求められます。

また、公式文書なので誤字脱字はもとより、掲載する内容に対する責任も重くなります。

図表4-1　訂正リリースの例

（訂正）「○○○○（リリースタイトル）」
の一部修正について

当社が○○○○年○月○日、○時に発表しましたプレスリリース「○○○○（リリースタイトル）」において、一部訂正すべき事項がありましたので、以下にお知らせします。

記

1. 訂正の理由
○○○に誤りがあることが判明したため、関連する○○○の訂正を行うものです。

2. 訂正の内容
訂正箇所は以下の下線部分となります。

<プレスリリース○ページ目>

【訂正前】
○○○○○○○○○○○○○○○○○○○○○○○○○○
○○○○○○○○○○○○○○○○○○○○○○○○○○

【訂正後】
○○○○○○○○○○○○○○○○○○○○○○○○○○
○○○○○○○○○○○○○○○○○○○○○○○○○○

以上

問い合わせ先など

訂正後のリリース全文を添付して配信する

幅広く公開される文書なので、著作権が他社に帰属する画像の使用や他社の保存する調査データの無断引用にも注意が必要です。最近では、調査会社や報道機関が、自社のコンテンツが無断で利用されていないかについて定期的にチェックしているようです。無断転載が発覚すると権利者から指摘が入る場合もありますので、こうしたリスクはすべて排除しておきましょう。

万が一、重要な誤植などがあったプレスリリースについては訂正の発表をしなければなりません。この場合、訂正箇所と訂正内容（新・旧）を簡潔にまとめた文書を作成し、修正後のリリース（全文）を添付して再度発信（投函）します（図表4－1）。

プレスリリースの標準的なスタイル

プレスリリースの定義や役割が明確になったところで、実務的なポイントに入っていきましょう。企業の公式文書であること、そして毎日大量のプレスリリースをメディアは受け取っていることなどを踏まえると、スタンダードな形式に整えて発表することが重要です。

特に、大量のリリースに目を通す記者の皆さんに対して、話題の価値を的確に伝えられる

図表4-2　プレスリリースの基本スタイル

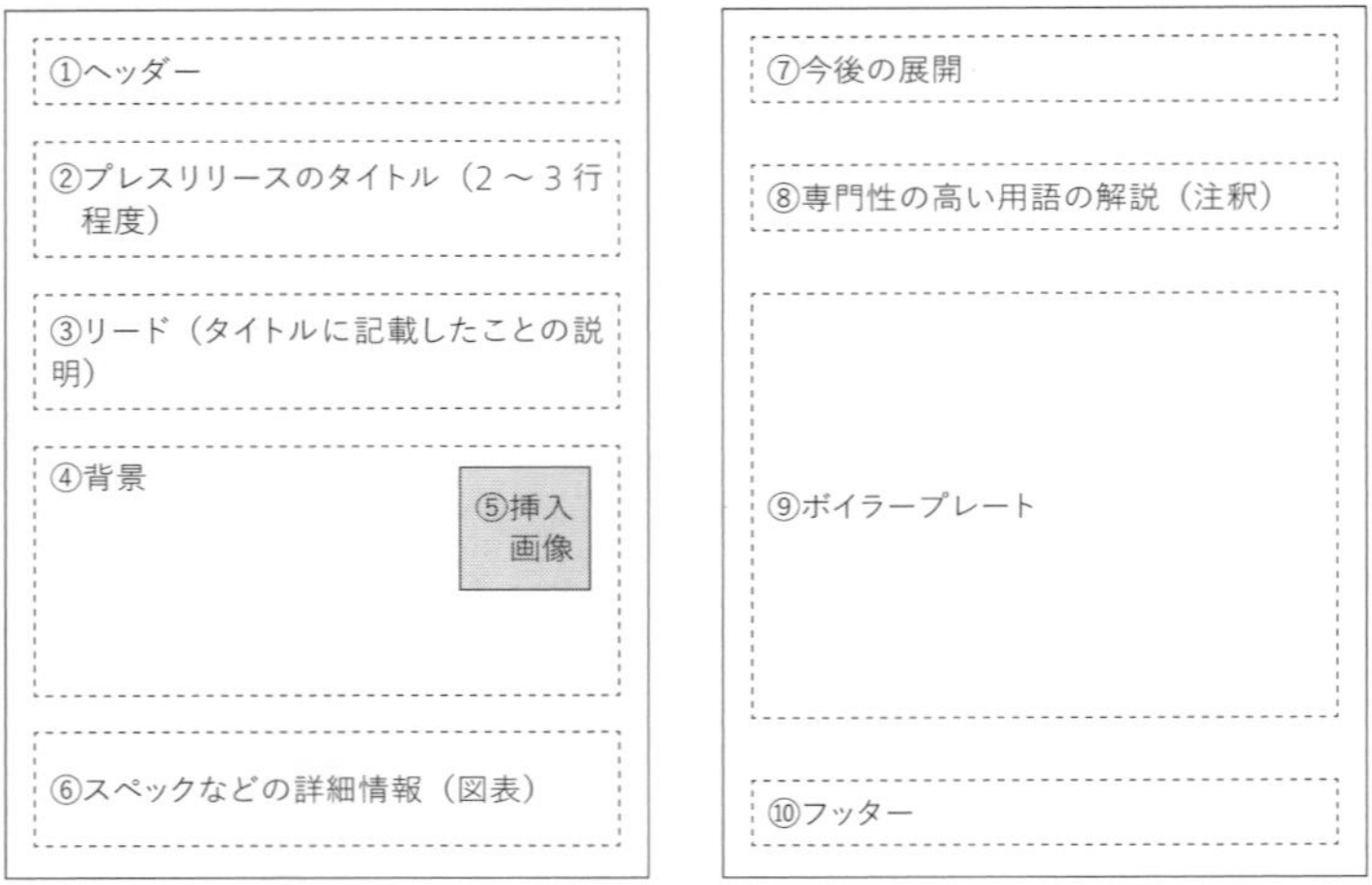

各要素の詳細は図表 4-3 を参照

ようにするためにも、標準的なスタイルから逸脱した構成は避けたほうが良いでしょう（応用は基本を覚えてからでも遅くはありません）。プレスリリースはメディアに対する話題提案の申請用紙でもあるわけです。

標準的なスタイルは、次のような構造になります（図表4-2、4-3）。

①ヘッダー
②タイトル
③リード
④背景
⑤挿入画像
⑥スペックなどの詳細情報（図表）
⑦今後の展開

⑧専門性の高い用語の解説（注釈）
⑨ボイラープレート
⑩フッター

これに加えて、日ごろの報道をチェックすることでも、何を明記すれば有効なのかについて、各自でブラッシュアップすることが可能です。挿入画像についても同様で、報道で使われやすい映像コンテンツの傾向も分かりますので、新聞やテレビを見ている時には、「こういう画像をメディアは好むのか」といったことを感じながらチェックすると良いでしょう。

社会の関心事にテーマを寄せていく

２０２２年11月～12月に開かれたサッカーのワールドカップ（W杯）カタール大会は大きな話題になりました。サッカーに興味がない人でも、W杯のことを覚えている人は多いのではないでしょうか。

日本代表がグループリーグで強豪に競り勝ち、決勝トーナメントに進んだことがその背景

⑤挿入画像	1～2枚程度、プレスリリースの内容に関連した画像を挿入するようにしましょう。メディアの目を引きつけるためにも、1ページ目には最低1枚は挿入したいです。商品が使われている様子、建物や工場の外観など。画像も使ってもらえた方が印象に残る記事になりますし、紙面の面積もより大きくなります。挿入した画像は、リリースをメールで配信するときに添付するようにしましょう。 また、記者からは、人が入っている画像が好まれる傾向にあります。商品を実際に人が使っている様子、アプリを操作している様子（この場合、スマホの画面と指だけでもOK）といったように、人の気配が感じられる画像が理想的です。工場や建物の外観、生産設備などの場合は、奥行きが感じられる画角で撮影すると良いでしょう。
⑥スペックなどの詳細情報（図表）	新商品発表に関するプレスリリースの場合、仕様や価格、機能や特長などは図表を使って示しましょう。この部分を文章にしてしまうと、冗長になってしまい読み解くのに時間がかかります。細かいスペックは業界・専門メディアの方々が注目する部分であり、テレビ局や一般紙の記者にとってはそれほど重要な部分ではありません。また、図表のほうが狭いスペースにたくさんの情報を表示できて、視認性も高くなります。大量のリリースに目を通さなければならない記者が少しでも読みやすくなるようにする工夫としても図表の利用は有効です。
⑦今後の展開	必須項目ではありませんが、新商品発表や新市場への参入などのプレスリリースの時には、この項目を設けたいです。今後の目標数値や事業全体としての将来展望、さらには社会全体に対してどのようなベネフィットをもたらしていこうとしているのか、といったことを記載します。
⑧専門性の高い用語の解説（注釈）	プレスリリースは幅広いメディアの記者に届けるために作成しています。社内用語はもとより、専門性の高い言葉もできるだけ使用したくないのですが、難しい言葉を使う際には、脚注で解説を加えれば大丈夫です。どんな属性の記者の方が読んでも、理解できるようにしましょう。
⑨ボイラープレート	会社概要や製品概要に関する定性的な説明です。初見の記者にとって大事な部分となります。基本的なことでよいので、すべてのリリースに明示しましょう。また、スタートアップや未上場の新興企業の場合、この部分で信頼に足る企業であることを説明しなければなりません。相応の審査を経ている上場企業に比べると、未上場企業は信頼性が乏しくなります。出資者の構成や経営者の経歴などで信頼性を高め、信頼に足る企業であることを伝えることが重要です。
⑩フッター	報道機関からの問い合わせ窓口や担当者名（個人名）を明記します。広報部門の固定電話の番号に加えて、広報担当者の携帯番号も記載しましょう。記事が出るまでには、デスクのチェックなどで何度も修正が入ります。そのプロセスで、広報担当に記者から複数回確認の連絡が来ることもよくあります。いつでも連絡がつくことを示す上でも携帯番号の明記は欠かせません。固定番号だけだと、広報が閉鎖的な印象を与えてしまうので、「逃げも隠れもしません！」という意思表示にもなります。

図表4-3　プレスリリースの要素

①ヘッダー	会社・団体ロゴ、発表日付、宛先、などを明記するエリアです。 複数の記者クラブに投函する際には、すべての投函先を明記しなければならないルールを設けているクラブがあります。その場合ヘッダーかフッターに明記するのが一般的です。情報解禁日を設定しているリリースの場合には、“縛り”をヘッダーに明記する場合もあります。 ※縛りの例 情報解禁は○/○（○）午前○:○○です。 事前報道はお控えください。
②タイトル	発表する内容を簡潔に説明する文言。拡散力のある言葉を活用しながら、“いまである必然性”を感じさせる内容にすることで報道価値が高まります。大量のリリースの中でも際立つことになります。 2～3行程度になってよいので、何をするのか？だけではなく、なぜか？なぜいまか？どのように？と5W1Hについても含めると記者の目に留まりやすくなります。法改正、インフレ、猛暑などその時の旬なテーマ、社会課題やブームなどに関わる“ワード”を使うことがポイントです。
③リード	初めてその会社・団体のリリースを見る記者もいることを想定しながら記載します。メディアの関心を射止めた時ほど、初見の記者から問い合わせがくるものです。その時に、プレスリリースを見ただけで、その会社の概要が分かるようにできるとスムーズです。社名の後に本社所在地や代表者を記すのはそのためです。 また、何を発表するリリースなのかについてもしっかりと宣言しましょう。「○○について発表します」と記すことがポイント。リードの段階でメリハリなくダラダラと冗長に書いてしまうと、結局何を発表するリリースなのかが端的に伝わらなくなってしまいます。 それから初見の記者にも分かりやすくするために、社名の前に業態を示す枕詞を添えることが有効な場合があります。特に創業間もない企業や業界での知名度が低い企業にお勧めします。
④背景	ここでは“いまである必然性”を説明していきます。なぜ、このタイミングでそれを発売するのか（サービス開始をするのか）といったことです。 企業や団体の都合で、たまたま発表がこのタイミングになった、というような話題では、幅広いメディアの関心を引きつけることができません。タイトルの部分で触れたように、法改正や社会課題、その時のトレンドに絡めながら、いまそれを手がける必然性を説明します。 またここでは、統計データを用いながら説明することも有効です。○○のブームが拡大している、と言葉で書くだけでは根拠が不十分です。事前に利用許可が必要な場合もありますが、官公庁や調査機関による統計データなどを活用しながら、需要が拡大していることを説明します。こうした説明は記事の中でも引用されることが多いです。まだそれほど社会に認知されていない領域・テーマに関する話題であれば、真実性を高める上で市場予測などのデータを積極的に引用しましょう。

にあります。試合結果や選手に関する報道から派生して、選手の少年時代のエピソードからよく利用していた飲食店、昔の恩師に関する話題まで、その裾野は広がりました。

報道機関は、お茶の間の関心を引きつけるために、世の中を賑わす話題に便乗した報道をして、話題を広げていく傾向にあります。これは大小様々で、大きな話題ではW杯やオリンピックになるわけですが、もっと私たちの実社会や実ビジネスに近いところでも、同じようなことが日常的に起きています。

例えば、インフレ・物価高、インボイス制度や産後パパ育休制度などの法規制の改正、2024年に導入されようとしている医療・建設・物流業界における残業規制に関する取り組みなど。このあたりの話題は、さすがにW杯ほど連日テレビを賑わすような報道にはなりませんが、新聞報道を中心に定期的にフォーカスされ、タイムリーな活動をしている企業がその都度紹介されています。

自社の話題だけで報道熱を高めることは超大手企業にしかできないことです。中小・新興・ベンチャー企業は、社会全体のうねりにうまく載せた話題設定が不可欠。会社の規模が小さいにもかかわらず、このことを理解していない企業がとても多いと感じています。

昔、日本を代表する自動車メーカーを担当している記者と話していた時にこう言われたことをよく覚えています。「○○自動車を担当していると、その会社が箸を持っただけでも、そのことを報道しなければならないから気が休まらない」と。

食事をしていた時だったので、記者は「箸を持っただけ」、という表現をしていましたが、超大手の場合は、何を発表してもメディアはそれなりに反応しなければならないのです。その結果として、規模の大きな企業のリリースは淡白な内容でも、高い確率で報道されています。

その一方で、業界内のポジションが中堅以下の場合は、いまである必然性を示すことができなければ、メディアの興味を引きつけることはできません。「箸を持つ」だけでは報道してもらえないのです。そのため、他社のプレスリリースを参考にする場合には、小さな企業でも大きな報道につながった話題を見つけましょう。そういうプレスリリースは、非常にあざとい内容のものが多いと思います。

〝あざとい〟タイトルのつけ方

大企業か、それ以外かによって、リリースの役割は大きく変わってきます。これまで説明してきたように、新興企業やスタートアップは、タイトルで報道価値があることを伝えなければ、メディアの関心を引きつけることは難しくなります。タイトルの基本的な考え方は説明してきた通りですが、ここでは私が所属するアステリアのリリース作成での実例を示しながら解説します。

これから示す当社のリリースの実例では、当初案は事業部の思いが強い内容になっています。最初はそこからスタートし、その後、広報目線で社会全体のトレンドを踏まえながらアレンジを加えていきます。そのプロセスをお見せしながら、プレスリリースのあざといタイトル設定について、考察していきましょう（図表4－4）。

図表4-4　広報視点でタイトルを手直しする

	当初案（ありがちなタイトル）	最終版（あざといタイトル）
①製品導入事例	【小国杉の流通でDX推進！電子入札アプリの運用開始】 小国杉競り入札をペーパーレス化、一次産業における市場テック普及拡大へ 10月17日開催の1521回原木市で約20名の買付業者が運用開始	森林組合が原木市で電子入札アプリを採用！**国産木材流通のDX**を推進 Platioで作成したアプリで**毎回約1000枚**の入札票を**完全デジタル化** 10/17開催の原木市「小国町森林組合市場」（@熊本）で本格導入開始
②新製品発表	スムーズな商談を実現する「Handbook X」を2月28日から提供開始 情報を最大限に活かす「商談支援アプリ」で営業現場のデジタル化を実現！ 個人でも利用しやすいフリー（無料）プランをご用意、一人ひとりの営業活動を支援	対面でもオンラインでも商談を決める！商談支援アプリ「Handbook X」本日販売 商談に必要なあらゆる情報にワンストップでアクセス **副業やフリーランスなど多様な働き方**にも対応する新世代アプリが誕生 幅広いラインアップで**初年度10,000ユーザー獲得へ**
③企業PR	コロナ禍とニューノーマルな時代に対応する新しい働き方を推進 約1,140㎡の本社オフィスの執務スペースを退去し、半分以下に削減 ほぼ無人のオフィスはAIとIoTが監視するスマートオフィスへ	**コロナ禍**と**ニューノーマル**な時代に対応する**新しい働き方**を推進 **テレワークの常態化**により本社オフィスの**スペース半減**を決定！ ほぼ無人のオフィスは**約50個のセンサーとAIが監視**するスマートオフィスへ

①製品導入事例

ＢtoＢの領域では導入事例のリリースに力を入れている企業が多いと思います。当社も企業向けのソフトウェアやアプリを提供しているので、毎月数本の導入事例に関するリリースを発表しています。

このリリースでの最初のタイトル案では、実際の用途にフォーカスした内容になっていたので、何度かブラッシュアップし業界全体に対するベネフィットや意義、そして導入した効果についても見える化できるような内容を検討しました。その結果、最終版では、以下のポイントを追加しています（図表4-4、4-5）。

業界全体に対するベネフィット……国産木材流通のＤＸ
導入効果をより明確に見える化……毎回１０００枚の入札票を完全デジタル化

また、原木市が行われる1週間ほど前にリリースしたことで、当日の現場取材も案内できる内容にして、いまである必然性をより強く訴求しています（原木市は全国的に同じような時期

図表4-5　アステリアのプレスリリース例（①製品導入事例）

ASO OGUNI-SUGI LAB　Asteria

報道発表資料

2022年10月11日
小国町森林組合
アステリア株式会社

森林組合が原木市《げんぼくいち》で電子入札アプリを採用！国産木材流通のDXを推進
Platioで作成したアプリで 毎回約1000枚 の 入札票を 完全デジタル化
10/17開催の原木市「小国町森林組合市場」（@熊本）で本格導入開始

小国町森林組合（所在地：熊本県小国町、代表理事組合長：北里栄敏）と、アステリア株式会社（本社：東京都渋谷区、代表取締役社長：平野洋一郎、証券コード：3853、以下 アステリア）は、アステリアのモバイルアプリ作成ツール「Platio（プラティオ）」で作成した「電子入札アプリ」を、10月17日に開催する原木市※1「小国町森林組合市場」で本格導入することを発表します。

■「電子入札アプリ」の導入背景

小国町森林組合では小国町の約78%を占める森林で育ったブランド杉「小国杉」※2の販売を行う原木市を1年間に25回実施・運営しています。この原木市は良質な小国杉が取引される市場として知られ、製材所や木工所、輸出業者などの買付担当者約30名が参加し、落札された木材は全国に出荷されます。

小国町で開催される原木市の様子

原木市の競りでは、原木ごとの希望購入金額を入札票に書いて森林組合の職員に渡し、入札票の中で最高値だった業者が落札者として口頭で呼び出される入札方法でした。

しかし、このようなアナログ方式では、毎回約1,000枚使用する入札票の準備、入札票の配布・収集、落札者を選出する時間が発生。落札した業者の入札票に記載された金額は、原木市終了後に事務所のパソコンを使ってデータシートに記録し、請求作業や平均価格算出の変化による市況の算出する必要もあり非効率でした。そこで小国町森林組合ではこれらの業務効率化に向け、原木市での入札を電子化する検討を開始。ノーコードでアプリを作成できるPlatioを導入し独自の「電子入札アプリ」を作成しました。

アプリで入札希望金額を入力	「電子入札アプリ」運用イメージ
	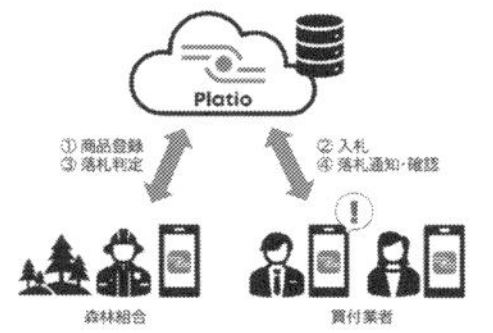

電子入札アプリは、買付業者が入札時に自身のスマホからアプリ上で入札希望額を入力・送信すると、森林組合職員のスマホに入札情報がリアルタイムで表示。入札価格の自動ソート機能により最高値の確認や落札者判定の効率化がされ、アプリ上で森林組合職員による最高落札者の判定が完了すれば、落札した買付業者に自動的に落札通知が送付されます。さらに、原木市で入札される全買付業者の入札データはクラウドに保管されるため、需要の高い原木のサイズや性質に関する傾向分析も容易となり、伐採時の現場作業の指標や山主への還元も可能になります。

熊本県小国町の小国町森林組合が、原木市で「電子入札アプリ」を導入。アステリアがソフトウェアの提供などで協力したことについて、両者連名のプレスリリースで発信したに行われるため)。

導入事例では、どのような効果があったのか？　が最も重要なことですが、それと同時に、俯瞰した立場から、その業界における必要性や意義なども説明しましょう。それにより、単なる宣伝ではなくて、業界全体の発展に貢献する内容に仕立てることができて、よりパワフルな内容に仕上げやすくなります。

②新製品発表

2022年2月末に発表したアステリアの新製品に関するリリースです。事業部の思い入れが深い案件でした。その結果、リリースタイトルの当初案には、自分たちが訴求したい要素はしっかりこめられていますが、その半面、社会全体に対するベネフィットはあまり言及できていませんでした。

その後のブラッシュアップでは新製品の機能や特長が、いま起こっているどんな社会の変化やパラダイムシフトに対応するものなのかについて触れることにしました。それが、「副業やフリーランスなど多様な働き方にも対応」の部分です。当初案にこの要素はありません

図表4-6　アステリアのプレスリリース例（②新製品発表）

Asteria

報道発表資料

2022 年 2 月 28 日
アステリア株式会社

対面でもオンラインでも商談を決める！商談支援アプリ「Handbook X」本日販売
商談に必要なあらゆる情報にワンストップでアクセス
副業やフリーランスなど多様な働き方にも対応する新世代アプリが誕生
幅広いラインアップで初年度 10,000 ユーザー獲得へ

アステリア株式会社（本社:東京都渋谷区、代表取締役社長:平野洋一郎、証券コード:3853、以下 アステリア）は、商談支援アプリ「Handbook X（ハンドブック エックス）」を 2 月 28 日より販売開始することを発表します。

■新製品「Handbook X」開発の背景

コロナ禍の影響で、テレワークなどによる業務のオンライン化や各種 IT ツールの導入でビジネススタイルが大きく変化する中、働き方の多様化が進んでいます。副業やフリーランス、組織から独立したコミュニティやコンサルタントなど、企業に所属しない就労形態も拡大していることにより、属性が異なるメンバーとの協業機会が増加しています。

商談での利用イメージ

また、商談の現場ではプレゼンテーションデータ、商品カタログの PDF、YouTube 動画、Web ページなど販促コンテンツのバラエティが広がっています。その一方で、様々な情報を使いこなし、スムーズな顧客提案を実現するスキルが問われる機会が増加。多様なコンテンツを活用するあまり、PDF や動画などを提示する際に専用アプリの切り替えに時間を浪費したり、見せたい販促コンテンツをすぐに呼び出すことができないなど、新たな課題の解決も急務な状況です。

そこでアステリアは、これらの多様化する働き方や、営業現場の変化に対応する商談支援アプリ「Handbook X」を開発。商談に必要な販促コンテンツの登録から閲覧、共有までをアプリ上で完結でき、独自にカスタマイズした提案ストーリーを手軽に作成できます。また、商品カタログなどの PDF、商材の写真、説明動画、さらには YouTube や Web サイトなどの外部コンテンツへ専用アプリに都度切り替えることなく「Handbook X」上からワンストップでアクセスが可能。タブレットを使った対面営業でもオンライン会議でも、多彩なコンテンツをスムーズにストーリー展開することで、商談成立の流れを作りチャンスを逃しません。

「Handbook X」は、無償版を含む全 7 プランをラインアップ。アステリアではこの新製品の提供開始により対面、オンラインにおける商談支援アプリの活用を推進し、初年度となる 2022 年度末までに 10,000 ユーザーの獲得を目標に掲げています。

■「Handbook X」概要
<販売形態、製品特長、他>

発売開始日	2022 年 2 月 28 日（月）
対応 OS	iOS (14 以降)、iPadOS（14 以降）、Mac OS(11.6 以降)、Android（11 以降） ※Windows 版は 2022 年度第 1 四半期に出荷予定
製品サイト	https://www.handbookx.com/jp/ （製品概要 https://www.handbookx.com/jp/usecases/sales ）
販売形態	App Store、Mac App Store、Google Play 経由
対象者	企業・団体、グループ、コミュニティ、個人事業主、フリーランス
製品特長	・コンテンツの登録から閲覧、共有設定までアプリ内で完結（PC 操作不要） ・PDF や写真、動画、Web サイトや YouTube 動画へもワンストップでアクセス ・多様な情報にワンストップでアクセスでき、ストーリー性のある商談を実現 ・登録コンテンツが自動的にダウンロードされるので、通信圏外でも利用可能

商談支援アプリの新製品の販売を告知するプレスリリース。「副業やフリーランスなど多様な働き方」といった旬なワードのほか、販売目標もタイトルに記載して記者の目を引く

でしたが、この見直しによって、その製品（機能や特長を含めて）をいま発売する必然性を強調してみました。また、タイトルの最終行には、新製品に関する報道では必須項目となる目標数値を盛り込むことで、インパクトを強めました。

③企業PR

近年、ＳＤＧｓや働き方改革など、より良い社会づくりに貢献しようとする姿勢を示すために、企業ＰＲ（コーポレートＰＲ）に取り組む企業が増えています。企業価値を高めたり、採用ＰＲにつなげる上でも、企業の考え方や取り組みを紹介するプレスリリースの存在意義は年々高まっているので、ここでも事例をひとつご紹介します。

２０２０年12月に、テレワークが常態化したことからオフィスのあり方を見直す趣旨の発表をすることになりました。オフィスサイズを狭くして、センサーを多用した無人のスマートオフィスというコンセプトです。当初のタイトル案はそれを端的に述べた内容でした。

その後、いまである必然性を強める表現に改める議論を重ね、以下のことを強調しました。

図表4-7　アステリアのプレスリリース例（③企業 PR）

Asteria

報道発表資料

2020 年 12 月 2 日
アステリア株式会社

コロナ禍とニューノーマルな時代に対応する新しい働き方を推進
テレワークの常態化により本社オフィスの スペース半減を決定！
ほぼ無人のオフィスは 約 50 個のセンサー と AI が監視するスマートオフィスへ

アステリア株式会社（本社：東京都品川区、代表取締役社長：平野洋一郎、証券コード：3853、以下 アステリア）は、コロナ禍とニューノーマルな時代に対応する新しい働き方を推進するために、本社オフィスのスペースを半減することを決定しました。また、テレワークが常態化したことでほぼ無人となることが多いオフィスは、約 50 個のカメラやセンサーによる AI・IoT を活用した監視と管理を行うスマートオフィスとしてリニューアルし、CO_2 センサーを活用した 3 密回避（監視）、顔認証を用いた出社確認、部門毎の郵便物通知、観葉植物の灌水自動化など様々なオフィス管理の自動化・遠隔化を開始することを発表します。

■本社オフィス半減とスマートオフィス開設の背景

アステリアでは新型コロナの感染拡大を受け 2020 年 1 月末から全社員対象のテレワーク推奨を実施、4 月の緊急事態宣言から現在にいたるまで 9 割以上のテレワーク実施率を継続しています。このようなニューノーマルな時代に対応した新しい働き方を推進する中で、テレワークが常態化したことから本社オフィス 1,140 ㎡の半分以上にあたる約 610 ㎡の執務スペースからの退去を決定。本日、20 年にわたる執務スペースの利用に感謝の意を表し、祈祷式を実施しました。

本社執務スペースでの祈祷式の様子
12 月 2 日午後 @品川区大井

また 2021 年 1 月より、ほぼ無人となることが多い本社オフィスには、アステリアが開発・販売する AI 搭載 IoT 統合エッジウェア「Gravio」が制御する IoT センサーを約 50 個設置し、スマートオフィスとしてリニューアルします。具体的には、CO_2 センサーによる 3 密状態の自動検知と警告の発令、オフィス内の観葉植物への給水を自動化し、AI カメラソリューションと連携し出社した社員の自動検知（認識）など、無人オフィスでも AI と IoT が監視するスマートオフィスの運用を開始します。

各会議室に設置される CO2 センサー

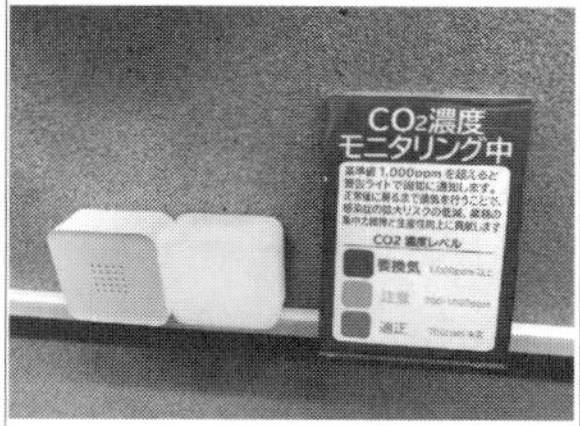

オフィスの状況（温度、湿度、CO 2 濃度、在室状況）を社員のスマートフォンから確認する様子

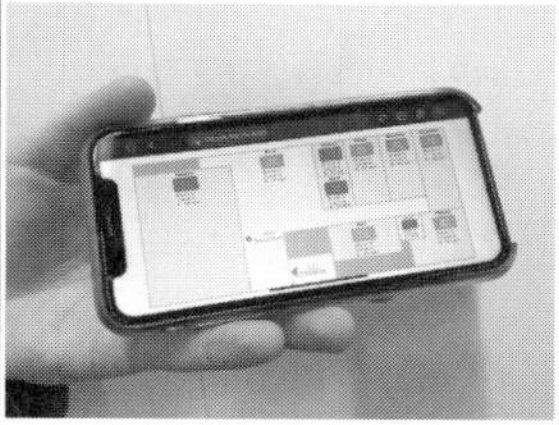

コロナ禍を背景にリモートワークの導入が進む中で、いち早くオフィススペースの削減に踏み切ったことを告知。センサーの設置による三密回避などの先進的な取り組みもアピールした

・オフィススペースを半減した背景には、**テレワークの常態化**があったこと
・ほぼ無人のオフィスには約50個のセンサーとＡＩが設置され常時監視していること
↓記事で触れやすくするために数字を用いた説明に修正

この当時は、テレワークが常態化してきたころで、実際にオフィススペースを縮小する企業が増えてきていました。そのムーブメントに関連づけながら、多数のセンサーを導入していることなどで独自性を強調してみました。

このように、プレスリリースはタイトルが肝となります。メディアの勘所、メディアインサイトともいいますが、それをしっかりと理解して、メディアの気持ちから逆算しながら考えていく作業です。新聞の見出しをつくるような気持ちでも良いでしょう。どういう切り口だと報道しやすいか、同じような話題はどんな報道のされ方が多いか、といったことも参考になります。だからこそ、日々の報道チェックは非常に重要なのです。

参考までに、①～③のリリースの1ページ目もご覧ください（図表4－5～4－7）。アステリアのウェブサイトにはリリース全文が掲載されています。

プレスリリースを届ける3つの方法

プレスリリースが完成したら報道機関に届けます。届け方にはいくつか方法があり、①記者クラブに届ける、②メディアに直接届ける、③配信サービスの活用、などが一般的です。①については第3章で紹介していますので、ここでは②と③について解説します。

そのプレスリリースを誰に届けたいか、どんな記者に読んでもらいたいかについては、作成に着手する段階で決めておきましょう。そしてターゲットとなるメディアや記者に対して、何かしらの方法でコンタクトします。

全国紙であれば、日ごろの報道での署名記事から誰がどの業界を担当しているかが分かります。担当者が分かれば、郵送で届けることが可能です。また、業界・専門紙誌の場合は、直接そのメディアに電話をすればリリースの届け先を教えてくれます。ウェブメディアも同様に電話して聞くか、ウェブサイトにリリースの送付先が記載されている場合があります。

導入事例のプレスリリースの場合は、そのリリースで取り上げる顧客が属する業界紙誌もターゲットになります。例えば、自社がＩＴ企業であっても、ユーザー企業が建設業界の企業であれば、建設系の業界紙誌でも報道してもらえる可能性があるのです。

また、働き方改革に関わる話題であれば、所轄官庁である厚生労働省の記者クラブにもリリースを投函してみよう、といったような発想も重要で、テーマに応じて配信先は少しアレンジする必要があります。

近年ではリリース配信サービスも非常に便利なツールです。当社も利用していますし、予算があればぜひ活用すると良いでしょう。思わぬメディアでの報道につながることがあります。

ただし、記者クラブやメディアへの直接送付、そして配信サービスなどは、それぞれ単独では何かしらの抜け漏れがあるものです。どれかひとつでよいということではなく、複数の手法で配信することで、記者にリーチする確率が高まると考えてください。記者クラブに投函しても、大量のリリースが届くので旬な話題でも見落とされることもありますし、メールでも同様です。リリースの配信という作業は、まだまだアナログ的な部分が多く残るプロセスですので、複数の方法で、より手広く届けられるようにしていきましょう（図表4－8）。

なまえデザイン
そのネーミングでビジネスが動き出す

価値を一言で伝える。大ヒット商品「まるでこたつソックス」をはじめ、数々の商品・サービス・施設名を手がける人気コピーライターが「ネーミングの秘訣」とその思考プロセスを初公開！

小藥元 著
定価：2,200円（税込）　ISBN978-4-88335-570-9

ピープル・ファースト戦略
「商品」「企業」「従業員」三位一体ブランディング

ブランディングの観点から、理想論にとどまらない「ピープル・ファースト」経営実践の意義が分かる。人への投資を利益につなげるマーケティングの設計図を解説する。

矢野健一 著
定価：2,000円（税込）　ISBN978-4-88335-572-3

なぜウチより、あの店が知られているのか？
ちいさなお店のブランド学

商品やサービスを「知られる」ためのポイントは、「お客さんが興味を持つような見せ方にして伝える」こと。本書では、そのために必要な「客観視」のやり方や、プロがSNS発信で使うさまざまな「技」を説き明かす。

嶋野裕介・尾上永晃 著
定価：1,980円（税込）　ISBN978-4-88335-569-3

競合プレゼンの教科書
勝つ環境を整えるメソッド100

広告業界やコンサル、ITなどで行われている「競合プレゼン」「コンペ」に勝ち抜く100のメソッドを体系立ててまとめた一冊。競合プレゼンが始まる前から準備、当日、事後までのフェーズごとに行うべきこと、してはいけないことを詳しく解説する。

鈴木大輔 著
定価：2,420円（税込）　ISBN978-4-88335-576-1

わかる！使える！デザイン

アートディレクターである著者が、デザインとはどういうものであるかの理解を深めるとともに、ビジュアルコミュニケーションをきちんと指示できることを目的に、長年仕事において培ってきた考え方ややり方をまとめた一冊。

小杉幸一 著
定価：2,200円（税込）　ISBN978-4-88335-551-8

クロスカルチャー・マーケティング
日本から世界中の顧客をつかむ方法

国内市場の成熟が進む中、日・米・豪で企業のマーケティングを支援してきた筆者による、これからの日本企業への処方箋。「クロスカルチャー・マーケティング」の考え方、また組織づくりからリーダーシップ、クリエイティブなどについて解説する。

作野善教 著
定価：2,200円（税込）　ISBN978-4-88335-559-4

宣伝会議

Marketing & Creativity/Sales Promotion
Design/Copy/CM/CG/Photo
Web & Publishing
Philosophy/Entertainment
Environmental Forum
Business/Creative Seminar

出版目録

Marketing & Creativity
宣伝会議

本社 〒107-8550 東京都港区南青山 3-11-13
TEL.03-3475-3010（代表）

ホームページで書籍・雑誌・教育講座のご案内をしております。
http://www.sendenkaigi.com/
東 京・名古屋・大 阪・福 岡

図表4-8　プレスリリースの届け方

記者クラブ	リリースの内容にマッチしたクラブを選択する。官公庁に設置されている記者クラブにはその省庁の担当領域に対応した記者が所属している。地域に関する話題であれば県庁や市役所、商工会議所などに設置されている各地域の記者クラブに投函する
業界紙誌	自社が所属する業界をカバーする専門媒体には、毎回プレスリリースを送る。そのほか、導入事例などに登場するユーザー企業が属する業界の専門媒体もターゲットになる。業界紙誌には個別に連絡を取ればリリースの送付先を教えてもらえる。また、自動車業界をカバーする「自動車産業記者会」など業界団体が運営する記者クラブもあるので、必要に応じてその記者クラブにもコンタクトしリリースを投函する
直接送付	署名記事などから自社の業界を担当している記者を割り出し、SNSでコンタクトしたり、リリースを郵送したりしてアプローチする。中長期的には、第3章で紹介したメディア向け勉強会の開催でメディアとの新たな接点をつくることで、日常的にメディアリストを拡充することが可能。点での活動に留まらず、継続的な活動によって、メディアリスト登録者数が増え続けるような活動を行っていきたい。そうすることで、リリースを届ける先が増えてきて、直接的なやり取りが可能な記者が増えることにもなる。
配信サービス	近年、主流になりつつある配信サービスも幅広いメディアにリーチする上で有効。プレスリリースに限らず、一般には公開が難しい取材案内もメディア限定公開で配信することができるので、活用していきたい。ただ、あらゆる属性の記者に届くわけではないので、上記の記者クラブへの投函や記者への直接送付と併用していくことも重要

アイスブレイク

メディアに安心して報道してもらうために

私たちが取引を検討する会社の与信などを審査するように、報道機関も、その会社を報道で紹介してよいかどうか、審査をしています。一般論として、株式上場をしている企業であれば、よほどの悪評や重大な不祥事の直後でない限り一定の信頼が得られているので、メディアが戸惑うことはありません。

その一方で、創業間もないスタートアップや未上場企業の場合、信頼するに足る客観的な認証がないために、報道機関の方が戸惑うことがあります。私のところにも、たまにそういった相談が報道機関から寄せられます。「長沼さん、この会社のことをこれから取材しようと思うのですが、ニュース番組で紹介して問題ないですか。詐欺業者であったりしませんか?」と。

実際に詐欺まがいの活動をしていた業者を報道で紹介してしまい、大きな問題となってしまった記者も知っています。こういうことを起こしてしまうと、社会的に大きな責任を背負っている報道機関として大きな痛手を負うことになり、そのメディアに対する信頼性も損

図表4-9　報道機関からの信頼度を高めることができるポイント

経営者	経営者の経歴や人物像、経営者賞などの受賞歴 経営者が務めている役職（各種団体での要職、政府系機関での役職など）
会社の評判	社会から認知されているアワードの受賞 ビジネスコンテストなどでの受賞歴（公的機関主催、銀行主催だと良い） 著名な業界団体に所属していること
経営母体	出資者（大手企業、銀行などが入っていると安心度が高まる）

なう恐れがあります。そのため記者の皆さんは、社歴の浅い会社を取材する時にはかなり慎重になっているのです。

それでは、どうすれば創業間もないスタートアップでも信頼してもらえるのか。それにはいくつかのパターンがありますので、図表4-9にまとめておきます。

これ以外にもあると思いますが、要は客観的に判断ができるような要素があれば良いのです。そして、このことをプレスリリースのボイラープレートや会社を紹介するときの紹介資料にさりげなく盛り込んでおくことが重要です。

創業間もない企業ではメディアへの話題提案に無我夢中で取り組んでいる方も多いかと思いますが、自社が信頼できる企業であると説明することにも注力していきましょう。

第5章

メディア露出の効果を最大化自社サイト、SNS活用法

広報活動をどのように評価するか

メディアに話題を提案し報道につなげる――。このことは広報活動のゴールのひとつですが、最終的な目的はもう少し先にあります。プレスリリースや話題の提案を通じてうまく報道につながったのであれば、その露出によって高められた注目度に応じた刈り取り施策も必要です。

広報担当にとっての最初のゴールは、自分たちの活動や商品を不特定多数の人が目にするテレビ・新聞・雑誌などのマスメディアで、ポジティブな論調で報道してもらうことです。そして、報道による効果を最大化する活動と露出効果を的確に捕捉することにも注力し、全体の評価を行うまでが一連の広報活動となります。広報活動の著名な評価モデルを用いながら具体的に解説していきます。

図表5-1は、スコット・M・カトリップらが『体系 パブリック・リレーションズ』で紹

図表5-1　広報活動の評価のレベル

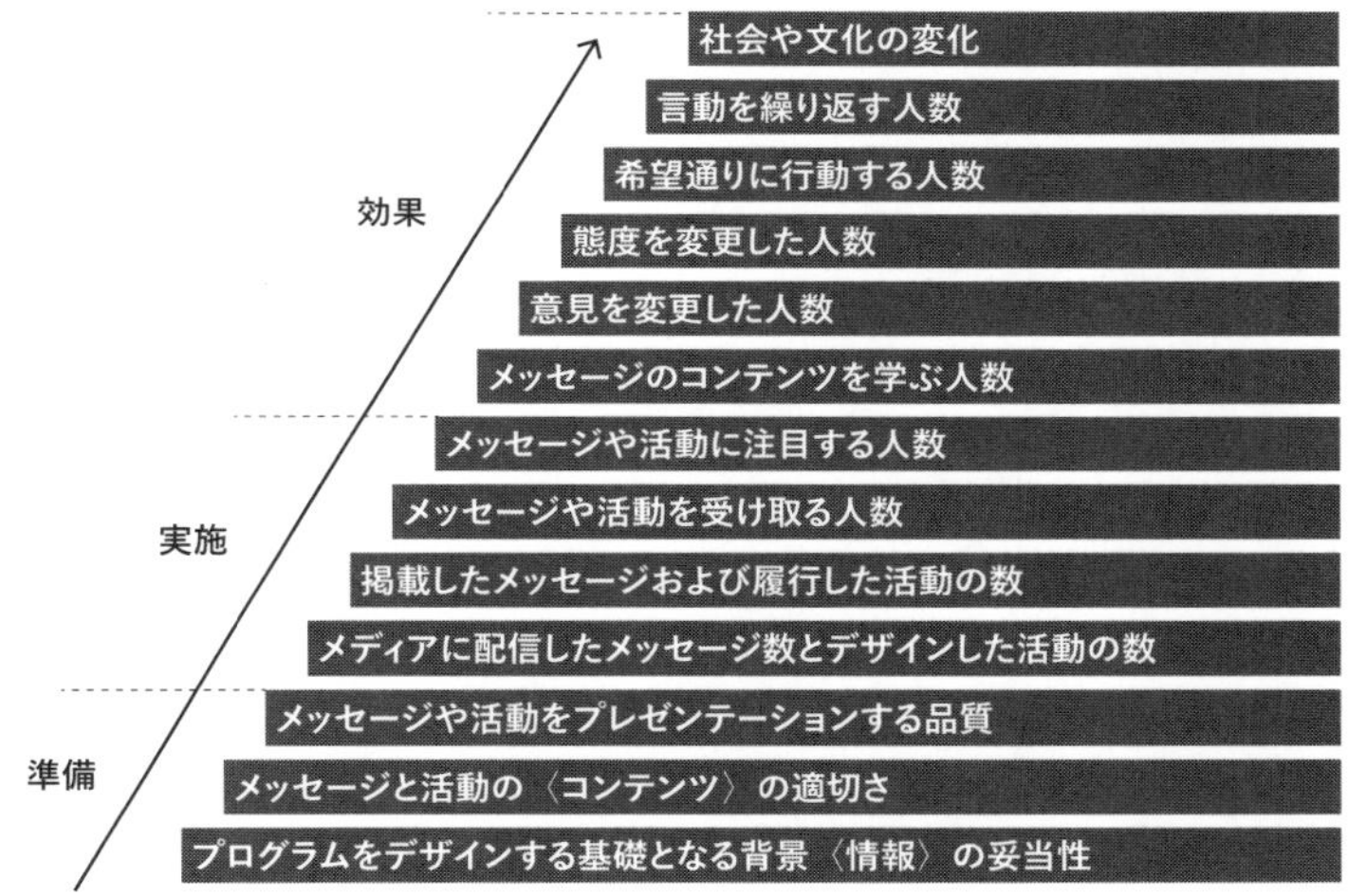

『体系 パブリック・リレーションズ』（スコット・M・カトリップ、アレン・H・センター、グレン・M・ブルーム著、ピアソンエデュケーション刊）より抜粋

介している評価のレベルです。ここでは広報活動を評価する際に、大きく①準備、②実施、③効果、という3つの階層で評価します。第4章までに説明してきたことは①と②の階層です。振り返りを兼ねてこの指標に置き換えてみると次のようになります。

①準備……話題の発信に向けた準備のプロセス評価

・質の高い話題づくり（情報クリエイティブ）ができ、的確な発表資料がつくれたか

・その企業・団体が取り組む必然性は担保されているか（経営ビ

ジョンなどとの関連性）

・メディアインサイトに響く文脈形成ができていたか（旬に絡んだ、いまである必然性）

②実施……発信した話題のリーチ数＆共感の度合いに関する評価

・メディアへのリーチ数は必要数に達していたか

・十分な報道件数が獲得できたか

・発信件数は十分であったか（企画した話題の件数、リリース件数など）

・より多くのターゲットにリーチするための工夫ができたか

↓広報活動によって新たなタッチポイントが十分につくれたか

ここまでの章で解説してきた①と②の活動がしっかりしていれば、ポジティブな論調で社会や業界にインパクトを与えるような報道につながり、相応数のメディアや未接触だったターゲットへのメッセージ訴求が可能となります。

（なお、「より多くのターゲットにリーチするための工夫ができたか」は、ＳＮＳやオウンドメディアを活用した活動となりますので、以降で紹介していきます）

そして最後は③効果のフェーズに入ります。

③効果……その広報プロジェクトによってどれだけの行動変容が起こせたか

ここでは、メッセージを発信した後における情報の受け手の心情や行動の変化を捕捉します。具体的には、

・購買につながった人
・商品を好きになってくれた人
・発信主体の思惑通りに感じてくれた人、行動してくれた人

最上位の変容として

・社会や文化を変化させること

3つの階層のうち、「①準備」と「②実施」の段階は、自分たちの努力でなんとか達成できる部分なのですが、「③効果」は情報の受け手の行動変容なので難易度が高いです。また

実数を把握することも容易ではありません。かつては報道された時間や記事の面積をもとに、同等の枠（時間・スペース）の広告を出稿した時の費用に置き換える「広告換算額」で片づけられていた時代もありました。

その一方で、近年ではフェイスブックやツイッターなど感情を双方向で伝達し合うことができるSNSが誰もが利用できる熱量伝達のプラットフォームとなり、一人ひとりの振る舞いや感情の変化の集計が容易になってきています。また、SNSを含めたインターネット上に、自分たちが発信した話題に関するコンテンツが存在することで、幅広い層の生活者に気がついてもらいやすくなり、シェアやリツイートなどにつながる場合もあります。

企業が積極的にSNSで発信を行うことにより、情報の受け手の感情の変化などを捕捉できることに加えて、露出後（報道後）の熱量伝達を促したり、新たなファンを獲得する場をつくったりすることも可能となり、報道された効果を最大化することにつながります。先述の「より多くのターゲットにリーチするための工夫ができたか」は、このような活動によっても実現できるわけです。

「③効果」のフェーズでは、効果を的確に捕捉することと、効果を増幅させるためのオウンドメディアの運営が必要となります。同時に2つのことに話が及んでしまっているので、ここで一旦整理します。

オウンドメディア、SNSの活用は必須

視聴者や読者が報道を見てそのテーマや取り組みに共感した時には、話題の発信主体（企業・団体）について調べようとする人が一定比率で発生します。そういう人は、ウェブサイトで社名や団体名を検索してみたりツイッターなどのSNSでも調べてみたりします。この時に、発信主体が運営するメディア（オウンドメディア）に、その話題に関するコンテンツが存在すれば、新たなタッチポイントの創出につながります。せっかく良い形で報道されても、ネットやSNSでたどることができなければ、こうしたタッチポイントを創出するチャンスが失われてしまいます。

したがって、広報活動を充実させ報道による露出効果を最大化していこうとするのであれば、自分たちが運営しているウェブサイトや公式SNSアカウントなどからの情報発信も日常的に行っていく必要があります。これらのチャネルによる情報発信は、いままで接触でき

ていなかった層とのタッチポイントになるばかりでなく、新規フォローや〝いいね〟などのアクションにも発展する場合があるので、新たなファンの気持ちをつなぎ止めることにもつながります。

オウンドメディア運営の実務として、最初に着手してほしいことが報道に合わせたコンテンツの掲載です。

報道されることは事前に分かるので、その話題に関連したコンテンツをウェブサイトやSNSにあらかじめ掲載しておきます。

ウェブサイトやSNSへの投稿例

・報道されることに関する事前告知（テレビ局などメディアの事前許可は必要）
※事前告知NGの場合があるのでメディアの指示に従う。報道直後の掲載でもOK
・報道された内容に関連したセミナーやイベントの参加募集に関する情報をあらかじめ掲載しておく
・報道で紹介された製品・サービスに関するプレスリリースやコンテンツを掲載（ウェブサ

イトのトップページからすぐにたどれると良い）

これ以外にも業態に応じてやれることはあると思います。ポイントは、報道によって高まる自分たちに対する注目度を上手に活用して、関係性が深まるような新たなコンバージョンにつなげることです。

オウンドメディアにこのようなコンテンツが存在することで、報道を見て新規に訪問してくれた人に「この会社だな」と、分かってもらいやすくなります。あざといケースでは、報道後に押し寄せる大量のＰＶを見越して、ウェブサイトやＳＮＳに、販促キャンペーンを告知するコンテンツを目立つように載せたりしている企業も散見されます。ＳＮＳでは、報道後に新規フォロワーがドッと増えたり、来訪者による〝いいね〟が獲得しやすくなるので、共感してくれた気持ちの受け皿や新規ビジネスにつながる動線をしっかりつくっておきましょう。

報道された内容にアクセスできるようにしておく

いままで接点のなかった人たちに自分たちの活動や商品・サービスを知ってもらえること

が、報道による最も大きな効果・成果です。情報番組で「ココアが健康に良い」「納豆が〇〇に良い」と紹介されると、日本中のスーパーでココアや納豆が売り切れになることがかつてよく起こりました。まさに、皆さんが手がけられている広報活動でも、これと同じようなことが起こせるのです。

SNSやウェブサイトで宣伝文句を訴えても、お金をかけて広告を出稿しても、それらのコンテンツは自分たちの言葉で訴えている主観的な内容にすぎないので、消費者心理として警戒心を持たれてしまいます。その一方で、報道は第三者である記者やディレクターが客観的な視点で紹介してくれるので、警戒心なく幅広い層の消費者に伝播していきます。

報道がポジティブな内容であれば、大きな共感や社会からの評価につながります。その結果として、同じメディアでの露出でも広告では得られないような大きな効果につながり、いままでリーチし得なかった層にも自分たちの取り組みを知ってもらえるのです。テレビ番組で全国放送された場合などには、普段の数十倍から数百倍のPV獲得につながりウェブサーバーがパンクすることもよく起こります。

これほどにも大きな効果が報道によって獲得できる可能性があるのですが、オウンドメディアの運営やタイミングの良い情報発信がきちんとできていないと、報道の成果を取りこぼす恐れがあります。シンプルなものでもよいので、ウェブサイトや公式ＳＮＳチャンネルなどをしっかりと運営し、報道されたことについてもたどりやすくしておきましょう。

報道された話題に関するプレスリリースへのリンクがトップ画面に置かれている。もしくは報道されたことをお知らせコーナーに掲載し、ＳＮＳでもリアルタイムで同様の情報を発信する……。こうした運営が日常的になされていれば、報道を見て社名や団体名を検索してたどって来てくれた新規来訪者に対して必要な情報を届けることができ、行動変容を促すことも可能です。

報道される時には、メディアからの問い合わせ対応に専念しがちですが、報道の効果を最大化するための〝刈り取り〟施策も広報業務の一環であることを理解してください。そして、報道を見て来訪してきてくれた〝新たなファン〟の気持ちは、しっかりとつなぎ止めていきましょう。

アステリアでは、テレビ取材が入った場合には収録中の写真を使いながら、放送の告知を

図表5-2　放送告知の投稿事例（フェイスブック・ツイッター）

行うようにしています。その際にテレビ局の方には、次のことを確認します。

①テレビ放送の事前告知をしてよいか

②収録中の様子をSNSにアップしてよいか（スタッフの方々の顔が映ることの許可も）

放送前にこうした投稿ができると、既存のフォロワーに伝えられるだけでなく、テレビを見て初めて知った人が検索した時にも、我々のアカウントまでたどりやすくなる効果があります。こういう投稿は、フォロワー以外からの

〝いいね〟が獲得しやすいので、新たな層とのタッチポイントにもなっているという手応えを感じています。

ここからは注意事項です。放送されたテレビの画面を撮影してＳＮＳに投稿している方がいますが、これは著作権の侵害行為です。せっかくテレビで紹介されたのに、かえって会社の評価を落とすことになりかねません。新聞や雑誌も同様ですが、メディアが制作・配信しているコンテンツには著作権があることを念頭に、広報活動においてもコンプライアンスを徹底していきましょう。

広報効果測定の基本的な考え方

ここまで報道の効果を最大化する手法についてお伝えしてきましたが、ここからは、その効果をどうやって確認、捕捉するのかについて考えていきます。

報道効果を最大化する上で、ウェブサイトや公式ＳＮＳアカウントなどからの情報発信を充実させることが有効だと説明してきましたが、こうしたオウンドメディアをしっかり運営していくと、広報活動の評価指標が集めやすくなるという効果もあります。自分たちに関する報道を見てリアクションしてくれた人の気持ちや行動変容の〝受け皿〟があることで、どれだけの人が関心を持ってくれたのか、深く共感してくれたのかについて把握しやすくなります。以下に詳しく解説していきます。

ひと昔前までは、ＳＮＳのようなツールがなかったので、報道の効果を評価する際には、メディアにおける露出量と、〝同じ分量〟で広告を出稿した時の費用が指標になっていました。いわゆる〝広告換算額〟です。また、定期的に生活者やビジネスパーソンに対して認知度調査などを行い、数値がどのように推移しているかも評価指標とされてきました。こうした指標も重要ですが、調査のたびにそれなりの予算が必要になるほか、レポートするための準備期間が必要になるので、リアルタイムで捕捉することが難しいという課題を抱えていました。

近年では、２０１０年に広報に関する研究機関であるＡＭＥＣとＩＰＲによって打ち出された「効果測定に関するバルセロナ宣言」の中で、広告換算額は広報活動の成果や価値ではないことが謳われました。背景にはＳＮＳなどの双方向型でのコミュニケーションツールの台頭があったと私は考えていますが、この宣言以降、広報活動の評価手法は、面積至上主義ともいえる〝どれだけ露出したか？〟を問う「アウトプット主義」から、その露出（報道）によって受け手にどのような行動変容を起こしたか、行動を促したかを問う「アウトカム」を重視する考え方に変わったのです。

この新しい考え方は、報道によるアウトプットとしての面積や尺の分量ではなく、報道のコンテキスト（文脈）を通じて社会全体に対してどのような行動変容を起こしたかを捉えようとする発想です。アウトプット主義には、報道が前向きな論調でない場合でも評価されるという課題があり、アウトカムを無視した評価指標であることが長年問題とされてきました。

少し脱線してしまいましたが、広報活動のＫＰＩについては、評価指標の歴史と潮流の変化についても理解した上で、自分たちに最適な指標を考えていきましょう。

それでは本筋のテーマに戻ります。ウェブやＳＮＳを含めたオウンドメディアの運営では、以下の３点が大きな目的となります。そのうち③の部分は露出効果の捕捉につながり、広報活動のＫＰＩとも関連してくるのです。

①話題の発信主体にたどりやすくする
②SNS上での熱量を横展開しやすくする
③生活者などからの共感を捕捉しやすくする

ここで、改めてカトリップらが掲げる広報活動の〝効果〟に関する評価のレベルを見返してみましょう（図表5−1）。

- 社会や文化の変化
- 言動を繰り返す人数
- 希望通りに行動する人数
- 態度を変更した人数
- 意見を変更した人数
- メッセージのコンテンツを学ぶ人数

広報活動の効果としては、もちろん商品やサービスの購入、見込み顧客としてのリード獲得、新卒採用や中途採用のエントリー、など最終的な行動に至った件数が大切です。ただ、

図表5-3　効果指標の具体例

評価のレベル	具体例
社会や文化の変化	・新たに開発した商品／サービスが提供する世界観がビジネスや日常生活で慣習化 （例：ウォークマン、フリース、スマートフォン、EV、フェイスブックなどのSNSほか） ・自らが仕掛けた社会／業界啓発や恐怖訴求などによる新たな需要や生活様式の創出 （例：ソロキャンプ、メンズコスメ、洗濯槽の除菌対策商品ほか）
言動を繰り返す人数	・リツイートや口コミでの伝播や波及
希望通りに行動する人数	・新規申込みや購入などのコンバージョン
態度を変更した人数	・別の商品のユーザーによる新規購入
意見を変更した人数	・新たなファンの獲得（新規フォロー、いいね獲得など）
メッセージのコンテンツを学ぶ人数	・オウンドメディアの記事などへの傾注

広報活動を評価する際には、最終的なゴールに行き着かなかったとしても、自分たちに好意を持ってくれようとしているプロセスとなる行動変容もポジティブな露出効果として捕捉します。カトリップらの定義に対して、私たちの活動に置き換えた〝具体例〟を参照ください（図表5−3）。

この〝具体例〟は、考え方のサンプルとなりますので、皆さんの業態やビジネスモデルに応じたアレンジをしてみてください。さらには、皆さんが属している組織における広報活動に課せられたミッションによっても大きく変わってきます。広報活動に期待されているテーマに応じた落とし込みも考えることで、本質的な成果や、組織からの評価につなげるポイントになってきます。

また、繰り返しとなりますが、図表5−3であげた行動変容については、SNSを上手に活用することでタイムリーに捕捉することが可能です。定点観測として広告換算額を算出したり、社名（団体名）やブランドに対する認知度調査なども重要ですが、日々のPR活動の成果として、ウェブサイトのPV数、公式SNSチャネルに対する〝いいね〟やインプレッション数、新規フォロワーの数、さらにはエゴリサーチによる口コミなども日常的に確認していきましょう。

多様なメディア（PESO）をフル活用

ひと昔前までの広報・宣伝活動では、大量のターゲットに対してメッセージを投下することは、報道機関などが運営するメディアを使うことでしか成し得ませんでした。新聞やテレビなどマスメディアでの報道や広告の出稿などを通じて、不特定多数の一般生活者や業界関係者とのタッチポイントをつくっていました。なぜなら、テレビや新聞以外に、企業や団体が自己主張する手段の選択肢がなかったからです。

しかし、通信デバイスを含めたインターネット環境やコミュニケーションツールの進化が著しい現在、誰もがメディアを立ち上げて発信できる時代になりました。いまでは、不特定多数のターゲットに対して話題を発信することができるのは、報道機関ばかりではないのです。

YouTube（ユーチューブ）やTikTok（ティックトック）などの動画配信サービス、さらにはツイッターやnoteなどのＳＮＳ。たくさんのユーザーに利用されているこれらのプラットフォームは、いまやメディアに匹敵する影響力を持っているといっても過言ではありません。その証拠に、ユーチューブやツイッターなどでバズることによって、一夜にして国民的・世界的なアーティストが誕生したり、企業のユニークな取り組みがあっという間に拡散されて社会全体から注目されるような現象が実際に起こっています。

ここまでの大きな成果は稀なのかもしれませんが、いまやＳＮＳや動画配信サービスもひとつのメディアとして機能しているので、オウンドメディアからの日常的な発信によっても新たなファンの獲得につながる広報活動を展開することが可能です。

このような時代の趨勢に伴い、対外発信を担う広報機能の新しい役割として、公式ＳＮＳチャネルなどの〝オウンドメディア〟の運営も見過ごすことのできない重要なミッションとなってきています。それではここで、私たちの周りには、どういったメディアが存在しているのかについて、アメリカで生まれたＰＥＳＯモデルを使って整理してみます。**図表5-4**の通り、ＰＥＳＯとはPaid、Earned、Shared、Ownedの頭文字を取ったものです。

図表5-4　PESO モデル

区分	説明	客観性
Paid Media	メディア運営会社に対価を支払って出稿する広告や記事広告	低
Earned Media	報道により獲得できた露出・記事（パブリシティ）	高
Shared Media	生活者などの第三者の SNS やブログによる発信	高
Owned Media	自社ウェブサイトや公式 SNS アカウント	低

広報担当は、報道メディアにおける記事の露出（パブリシティ）"Earned Media"の獲得に専念しがちです。ただ、現代社会では一般の生活者が日常的に多様なメディアに触れてい

図表5-5　主なメディアの平均利用時間（平日）

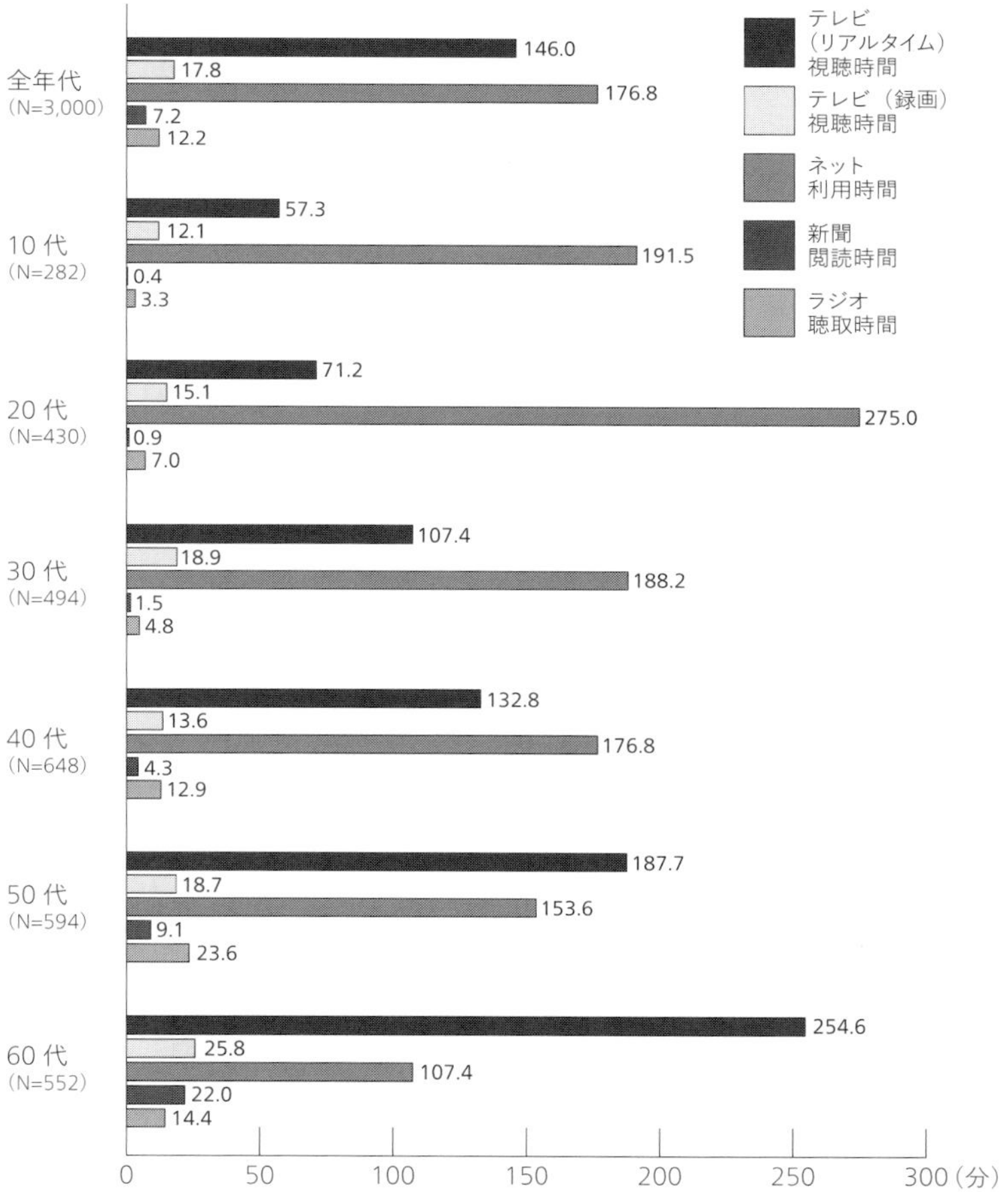

テレビの視聴時間は年代が上がるほど増える。一方ネットの利用時間は20代がピークで、年代が上がるほど減る傾向に

出典；総務省情報通信政策研究所「令和3年度情報通信メディアの利用時間と情報行動に関する調査」

ることを考慮すると、パブリシティの獲得だけを追求していては、幅広い層のターゲットにリーチできない恐れがあります。図表5−5の総務省情報通信政策研究所が行った「令和3年度情報通信メディアの利用時間と情報行動に関する調査」の結果から分かるように、現代社会ではテレビや新聞の地位が大幅に低下しています。その傾向は若年層で非常に顕著になっていますので、発信チャネルにおける間口を拡げたメッセージ発信を心がけていく必要があります。

それでは、PESOで定義されているメディア各々の特長を考察していきましょう。

Paid MediaとOwned Media

PESOでグルーピングされるメディアは、客観性の有無によって大別することができます。

内容や掲載時期について、情報発信主体となる企業・団体が完全に制御することができるのはPaid MediaとOwned Mediaです。どちらも情報発信主体が制作し運営するメディアなので、自由度が高く言いたいことをしっかりと相応のボリュームで発信することが可能です。ただし、主観的な内容になるので、読者には多少の警戒心を抱かれることになります。

ただ、近年では、企業や団体によるオウンドメディアやユーチューブチャンネルは、メディア関係者も時折目を通しています。旬の話題を探す時には、オウンドメディアの記事からネタを探して、会社の広報に連絡をくれることがたまに起こります。法律やテクノロジーを解説する動画などを継続的にアップしていると、ニュース番組での技術解説を依頼されることもあります。

さらには、若年層を含めた幅広い層にリーチさせるメディアとしても、その有効性が高まっています。ユーチューブがきっかけとなっての講演依頼や製品に関する問い合わせなど、タッチポイントを増やす上でも非常に有効なツールとなってきています。

主観的とされるオウンドメディアでも、できるだけ客観的な文脈にしておくことで、リーチの幅を広げることが可能です。読者のためになる情報であり、いまホットになっているテーマに関する話題にすることがコツ。短絡的な宣伝となるようなコンテンツだと、なかなか読んでもらえず成果が上がりません。警戒心を持たれないニュートラルかつ客観的な文脈にすることで、幅広い層の人たちからの支持を獲得することが可能になります。

Earned Media とShared Media

客観性が高くなるEarned MediaやShared Mediaは、記者やブロガーなどの第三者が手がけるメディアなので、内容や掲載時期についての制御ができません。その半面、企業などの思いや〝色〟が含まれない客観性の高いコンテンツであるため、警戒心なく読者に受け入れられます。

第三者が執筆していることから、企業や団体が伝えたいメッセージのすべてを盛り込むことはできません。あくまでも筆者の主観によるメディアなので、時には企業にとっては不都合なことにも言及される場合があります。

ただ、生活者などの第三者によるＳＮＳでの発信に代表されるShared Mediaは、一度拡散が起こると若年層を含めて幅広い属性の人に対する訴求力を伴うことになり、報道と同じような効果がもたらされます。

このように、現代社会ではネット環境やコミュニケーションツールの発達によって、私たちは多様なメディアから様々な情報を得る生活を送っています。かつては、情報提供をしてくれるのは報道機関だけだったのですが、企業も個人も手軽に不特定多数の生活者や業界関係者にメッセージを届けることが可能です。また、採用広報として、Wantedly（ウォンテッドリー）などのプラットフォームの運用に力を入れる企業も増えてきていて、あらゆる領域でメディアの多様化が進んでいます。

こうした背景から、SNSを含めたオウンドメディアをしっかり運営していくことは、広報業務における新しい責務になってきているといっても過言ではないでしょう。多様なメディアを上手に活用しながら、パブリシティ（報道）との相乗効果を狙ったり、時にはオウンドメディア独力による別次元での広報活動にも注力していきましょう。

プロの手を借りて柔軟な運用体制を

いざ、オウンドメディアとして、独自の情報発信を行うウェブサイト、ユーチューブ、ツイッターやフェイスブックなどの公式ＳＮＳアカウントを立ち上げようとしても、社内にはなかなかノウハウがない場合が多いと思います。まずは「習うより慣れよ」の精神で、やってみるという姿勢も大事ですが、ぜひ一度考えてほしいことが、フリーランスを含めた外部人材の活用です。

社内の人材が勉強しながら立ち上げていってもよいのですが、これだと知識の習得や十分な経験を積むまでにかなりの時間を要してしまいます。結果として、素人感がただようコンテンツになってしまい、ブランディングやレピュテーションの毀損リスクにもなりかねません。

そこで注目したいのが、ブロガーやインフルエンサーとして活躍している人たちです。フリーランスや独立起業している人が大半なので、企業からの発注は歓迎されることが多いでしょう。最初からプロフェッショナルによる知見を取り込んだ運営が可能となり、スピーディーな立ち上げも可能となります。

この時のポイントは、正社員採用にこだわらないことです。高い経験値を持つブロガーは自身のビジネスが軌道に乗っているので、フリーランスであろうが独立（起業）していようが、雇用されることに興味のない方が大半です。正社員でぜひと誘っても「自分のビジネスと並行できないのであれば難しい」という返事になりがちです。そのため、最初は週に2日程度の稼動ということで業務請負契約を結ぶことをお勧めします。

また人選については、この人の文章はいいな、この人が運営しているウェブサイトは洗練されているな、と思う方がいたら、ＳＮＳでダイレクトメッセージを送ってみると良いでしょう。その時に、メディアやサイトの全体設計もできる人と出会えると、編集長のようなポジションも委託することができると思います。

ＳＮＳやオウンドメディアでの発信は、企業や団体が日常的に手がけているプレスリリースや適時開示とは、かなりテイストが異なるものです。双方向でのコミュニケーションを意識した発信となるので、物事を堅苦しく考える人には不向きであり、ネット環境で振る舞うことへの慣れや、不意に訪れる来訪者からも好かれるような独特な感性が求められます。

社内人材でも上手にツイッターやユーチューブで活躍している人もいますが、個人のアカウントで慣れや経験を積んでいる人が多いと思います。社内にそういった人材がいない場合は、有望な人をアサインできるように外に目を向けてみてはいかがでしょうか。

副業や兼業が一般的になっている現代社会では、そのような人材活用も積極的に行いながら、多様な人材を取り込むことでクリエイティビティーを高めていく意識も重要だと考えています。

私が所属しているアステリアでは、オウンドメディアの運営にあたって、ブロガーとして活躍している方に声をかけました。当初は正社員でジョインしてもらうことも考えたのですが、自身のビジネスがあったので、請負という形式でオウンドメディアの立ち上げとＳＮＳの運用をお願いすることにしました。

日ごろは、海外旅行に関わる情報を発信しているブロガー＆インフルエンサーで、現地の観光地や飲食店などを紹介することを生業としていました。当社はＩＴ企業ですが、まったく異なる世界で活躍している方をアサインした背景には、この方であれば、当社の分かりにくいＢtoＢビジネスを、世の中に分かりやすく発信できるのではないかと社長が以前から感じていたからです。

このように、必ずしも同じ業界で活躍している人である必要はありません。日ごろの事業活動ではコンタクトできない新しい層へのリーチを広げようとするのであれば、むしろ異業界で活躍するブロガーの方がマッチするのではないかとも考えています。ぜひ幅広くネット界隈を調べてみると良いでしょう。

当社のオウンドメディアは、現在は2人の外部人材に関わってもらいながら、多様なメンバーとともに運営しています。B to Bビジネスを基本とする堅苦しい業界の企業ではありますが、一般生活者を含めた幅広い層のターゲットにリーチできるようなソフトで親しみやすい発信活動を心がけています。最近では、採用広報におけるオウンドメディアともいえる「Wantedly」の運営にも外部の人材に関わってもらい、学生を含めたリーチ拡大に向けて積極的な発信を行っています。

ごく最近では、テレビ番組制作会社で映像処理を担当していた方を正社員として採用し、クリエイティビティーやコンテンツ制作力の強化を図っています。最近ユーチューブを活用した動画配信に力を入れているので、この領域でも内製化ができるような布陣を構築しています。

動画配信サービスにおいても発信は高頻度で行う必要があるので、ホットなテーマについてスピーディーに高品質なコンテンツを内製で配信できるように、専門機材やソフトウェアも充実させています（図表5-6）。社外向けの動画に限らず、エンゲージメントを高める社

図表5-6　自社で動画配信を行う際の設備

動画配信に力を入れる広報部門は増えている。最低限のスタジオ設備と人材がいればできることは広がる

内広報用の動画でも、こうした制作体制・スキルを活用しています。なお、テレビ局や映像制作業界においても人材の流動化が起きているので、採用活動においてマッチングが起こりやすい環境だと感じています。

フリーランスで活躍するブロガー以外にも、オウンドメディア運営を請け負ってくれる制作会社などがありますので、どんなブロガーが自社に適しているか分からない、その人を信頼できるかどうか判断が難しい、などの懸念がある際には、専門業者に委託することでも良いと思います。

いずれにしても、特殊な経験やノウ

ハウが必要になる活動なので、素人感が露呈しないように、専門性の高い人材をアサインした体制が構築できると良いでしょう。

アイスブレイク

オウンドメディアで何を発信すれば良いのか？

いざオウンドメディアを立ち上げようにも、何を発信するメディアにするのかについて悩むケースが多いのではないでしょうか。いままで述べてきたように、客観性の乏しい情報にはあまり多くの人が興味を示してくれません。やみくもに自社サービスや商品を紹介するだけのサイトでは、幅広い層からの支持を得られずその効果もなかなか高まりません。宣伝文句には多くの人が引きつけられないからです。

そこで、オウンドメディアを運営する時に一考の余地があるのが、あえて自社のことを語らない、ということです。

例えば、自分たちがフォーカスしている技術やビジネスに関連した法改正やトレンドの解説や、テレワークや育児などの領域にも注力しているのであれば新しい働き方を紹介するコンテンツも良いでしょう。そのような形で、自分たちが意識している領域でのホットな話題に関する知識の共有や、役に立つ情報をテーマに設定することで、将来的には自社との何かしらのコンバージョンにつながる期待の持てる、日ごろの広報活動ではアプローチできないような層の人たちとのタッチポイントにすることが可能となります。

あくまでも入口は社会トレンドに合わせておいて、そこから自分たちへの興味や関心への動線を〝あざとく〟設けておくと、思わぬ出会いにつながったりするものです。特に、日ごろの広報活動では一般生活者へのリーチが難しいＢtoＢ企業にこの手法が有効だと考えています。日ごろの広報では業界向けの話題が中心でも、オウンドメディアであれば学生や投資家を含めた生活者にも裾野を広げたアプローチができるわけです。

ユーチューブでも同様に、宣伝ではなくて解説系のコンテンツのほうがたくさんのＰＶを稼ぎやすいです。また、それが良いコンテンツであれば、講演依頼やメディアからの取材オファーにもつながります。

アステリアが２０１７年2月に開設したオウンドメディア「in.LIVE（インライブ）https://www.asteria.com/jp/inlive/」では、次のようなカテゴリーとタグを設定し、会社としてフォー

図表5-7　アステリアのオウンドメディア「In.LIVE」のテーマ設定

区分		内容（当社がフォーカスしている領域と同期）
カテゴリー	社会全体におけるテーマ性	スタートアップ、社会、働き方、教育、金融、ライフスタイル、採用、SDGs、地方創生、デザイン
タグ	フォーカスする技術やイノベーション	AI、DX、IoT、VR/AR、ブロックチェーン、メタバース、ロボット

図表中の「カテゴリー」と「タグ」をかけ合わせたコンテンツを掲載している

カスするテーマに関する記事を配信しています（図表5－7）。稀に自社製品やサービスに関する記事がありますが、あくまでもその入口は社会課題であったり、その時のホットな話題に関する文脈にしてあり、短絡的な宣伝に陥らないような運営を心がけています。

第6章

小さな成果を積み重ねる広報レベルアップ術

「広報レジェンド」をつくろう

広報部門に対する社内の協力が十分に得られない、または広報の考え方が他部門に理解されない、といった悩みをよく聞きます。私もかつてはそうでした。

これには後述するいくつかの理由が考えられますが、広報は社内の協力なくしては成果を出し続けることができません。本章では、経営トップや社内の各部門から頼りにされる秘訣、実績を積み重ねて広報部門や広報パーソンとしての皆さん自身がレベルアップしていくためのヒントを提供していきます。

広報の概念は、もともと戦後にアメリカから持ち込まれた「パブリック・リレーションズ」を起源としています。その際に日本では「広報」という単語があてられましたが、「広く報せる」というニュアンスから一方的な宣伝行為と混同されがちです。本来のパブリック・リレーションズの定義は、「企業や団体が、より良い関係性を社会と構築し維持し続けるための活動」ですが、このことを理解している人は少ないといえます。

メディアがどんな話題を待っているのかについても、他の部門の人には理解されていないのが実情です。事業部門は、とにかく自社の製品やサービスを記事にさせたい、という思いが強く、メディアが社会性や旬な物事との関連性を重視していることにはあまり関心がありません。とにかく自分たちのことを報じてもらうことに腐心しています。

このように、〝広報〟に対する理解は人によって様々であり、私たちはこの〝誤解〟にも日々悩まされています。

組織の中で広報機能を活性化する上で、この〝誤解〟をどうやって解消していけばよいのか。私も若かりしころは日常的に悩んでいました。普通に考えると、社内啓発に注力して広報に対する誤解を解いていくことかな、と当時は思いました。時間的に余裕がある時に、地道な啓発活動に何度かトライしましたが、大した効果はありませんでした。他部門の人たちに、広報の定義や役割、報道のメカニズムについて淡々とレクチャーしても、なかなか自分ごととして捉えてもらえないのです。

そうした試行錯誤を経て、皆さんに強くお勧めしたいのは「広報レジェンド（伝説）」をつくることです。

広報レジェンドとは、広報部門が発案した話題で大きな露出につなげること。そして、その実績すなわちプロセスや成果を他部門に広く共有することです。まさに〝百聞は一見にしかず〟であり、私の経験ではこれが最も効果的な社内啓発となりました。

1カ月の来場目標を2日で達成させた広報の力

10年以上前のことです。社内啓発にくたびれかけていた当時の私は、ぎゃふんと言わせるために「広報レジェンド」をつくってしまおうと、他部門のメンバーとこんなやり取りをしたことがありました。

当時私が在籍していた会社では、記者会見などによる対外的なメディア発表を積極的に行っていなかったのですが、ある施設のオープニングに際して、メディア向けの内覧会を兼ねた記者会見を提案しました。

ピンとこない担当者は疑心暗鬼な表情で、「オープンすることは直前に出稿する新聞広告やテレビCMで伝えるので、対外的なPRは十分にできている」の一点張り。そこで「うまく報道につながれば皆さんにとってマイナスになることは絶対にありません。だまされたと思って一度だけ私に任せてもらえませんか？」と懇願し、なんとかオープニング前にメディア向けの内覧会を開催しました。その会社では、初めてのオープニング記者会見でした。

地方に建設されたその施設は、そのエリアでは最大規模だったこともあり、内覧会にはほぼすべての地元メディアが来場してくれて、当日のニュース番組や翌日以降の地元紙で大きく紹介されました。すると、グランドオープンを迎えた初日の土曜日と翌日の日曜日は、たくさんの人でごった返す状態に！　最初の2日間だけで、なんと1カ月分の来場目標を達成してしまったというのです。これには私も驚きました。

当然、担当部門のメンバーからも驚かれて、「いつもは広告出稿だけで済ませていましたが、報道されるとこんなにも反響が大きいのですね。驚きました。CMや新聞広告だけで十分だと思っていましたが、いままでこんなにたくさんの人が来たことはありません。ニュースや新聞の報道で取り上げられたほうが、色んな人に見たり読んだりしてもらえるんですね」というフィードバックをもらいました。

そして、目標を大きく上回る来場者を獲得できた事業部からはものすごく感謝をされたので、「私への感謝は不要です。広報のアドバイスでメディア向けのイベントを開いたら、こんなにも大きな成果があった、と他の皆さんにもどんどん共有してください！」とお願いしました。これこそが、口コミ効果となり、最も効率的な社内啓発になりました。

その後、この担当者は私の依頼通りに、全国の営業拠点の販促担当者が集まる会議などで広報との連携による成功体験を共有してくれました。その結果、私のところには毎日全国の販促担当者から電話がかかってきて、「〇〇支社での成功事例を聞きました。うちにもこんな話題があるのですが、ぜひ広報してくれませんか？」という〝懇願〟が大量に押し寄せてきたのです。

これまでにも、記者会見や内覧会は有効だという説明は広報に関する啓発活動で行ってきたのですが、やっぱり門外漢のことは実例を示したほうが分かってもらいやすいのです。この時、やっとみんな分かってくれたか、という気持ちになりました。

これが私にとっての最初の「広報レジェンド」となり、自身の広報フィールドを一気に広げる機会にもなりました。ひとつの成功事例から、広報活動の意義やそのパワーについての認知を広げることができたのです。

会社や経営者のリテラシーにもよりますが、どういう組織に属するにしても、まずは広報機能を正しく理解してもらい、頼りにしてもらうための啓発活動や関係づくりが広報担当にとっての最初の作業です。「広報を活用すべきです！」と声高に叫んでも、誰も聞いてくれません。相応の広報スキルは必要となりますが、その力を養いながら、社内の人たちにやってみせるところから始めてみてください。

ここでご紹介した事例は、事業部門の話題に絡めた広報施策ですが、企業ＰＲや採用ＰＲに関するネタでも構いません。ポイントは〝広報の発案〟でネタを仕込むことです。それが、皆さん自身の広報スキルを知らしめることにもつながり、「広報レジェンド」として伝播されていきやすく、社内外でも語り継がれることになります。

社内会議に広報のヒントが眠っている

「広報レジェンド」をいくつか積み上げることができると、会社全体の広報部門に対する依存度や期待度が高まってきます。また、経営幹部にもこれが伝播していくと、経営会議や取締役会などでも「もっと広報を活用するべきだ」といったような発言が出てきて、広報機運が高まるようなことも起こります。

こうしたムードになってきたら、ぜひチャレンジしてもらいたいことがあります。たとえ参加資格がないとしても、経営会議などの重要な会議に広報部門の人が参加できるようにしてもらうことです。広報レジェンドがまだなくても、ぜひ会社に打診してみてください。

皆さんは〝待ちの姿勢〟で広報をしていませんか？　会社や事業部から頼まれたネタだけを対外発信していませんか？　そんな姿勢では、多くの有益なネタを見過ごしてしまうことになります。広報活動の主体は広報担当です。つまり、何を対外発表するかについては、広報担当の眼力でも探す必要があります。

待ちの姿勢では、広報の経験や知見のない人たちが対外発表するネタを決めることになります。そうなれば、本来ならネタになり得た話題を見過ごしてしまうリスクが高まります。そのため、会社の動きに幅広くアンテナを張り巡らして、広報担当者の目でも何を発表するかについて判断してほしいし、他の部門が見過ごしている話題を拾い上げてもほしいのです。

その舞台として経営会議は最適の場となります。これに参加することで、全社の動きを効率的に把握することができます。また、広報担当に伝わっていない物事も見聞きすることが可能です。これが重要で、他部門の人が広報に伝えるべきという判断を通す前の段階で、すべての情報に触れたいのです。

これは経営者にも強くお勧めしたいのですが、経営会議のような全社の動きが把握できる重要な会議には、ぜひ広報担当者を同席させてほしいと考えています。対外発信がより活発になる効果が期待できます。

私の場合は、広報レジェンドを積み重ね、広報の重要性への認識が全社に広がったころに社長に打診しました。「全社の動きを直接把握することができれば、より戦略的な広報活動ができると思いますし、私が聞いていればいままで見逃してきたような話題にも気がつけると思います。まだ参加資格がないことは理解していますが、オブザーバーとして経営会議に参加させてもらえませんか？」とお願いし、参加資格のない役職のころから参加させてもらったのです。

実際に参加してみると、毎回いろいろな話題と出会えて本当にわくわくしました。本当はネタになるのに、誰もそのことに気がついていない話題の発掘ができるのです。経営会議では、各事業部が何をしているのか効率よく網羅的に把握できます。

その中には、いままで広報担当には知らされていなくて、メディアが確実に興味を示すような話題が潜んでいました。ユニークな人材の採用や、法改正に合わせた迅速な対応や規定の改定など、現場の担当者がネタになると思わなかったような話題に、直接触れることができました。

このように、情報が広報に届くまでには、担当者のフィルターがかかっているものです。できるだけ全社の状況を広報担当者が直接把握して、その中からネタになる話題を見出す、という作業を日常的に行うことができれば、話題の機会損失をぐっと減らすことにつながります。

似たような現象として、社内報用のネタから対外発表に向いている話題がゴロゴロと見つかることも少なくありません。しっかりした社内報を作成している企業や団体では、編集委員会などが組織され、各事業所や全国の支社などから効率よく情報を集める体制が整っています。社内報のための情報収集なので、ある意味ニュートラルな視点で様々な話題が集まりやすく、高い報道価値を伴った思わぬ特ダネに行き当たることが少なくありません。

広報の発案で話題を仕込むことには、旬に合わせた話題をゼロからつくり出すケースと、他部門の人たちが見過ごしていた話題を発掘するケースの2パターンがあります。後者のケースで大きな報道につながると、広報担当によるフィルターにかけたほうが有益であることに気づいてもらうきっかけとなります。上位役職者や事業部門の責任者に「自分たちの価値観に頼ればいいというわけではないいな」と感じてもらえればチャンスです。

こうした成功体験によって、事業部門と広報担当の連携がよりスムーズに進むようになり、アイデアや意見を出しやすい雰囲気の醸成にもつながります。いかにして周りの理解と協力を得ながら効率よくネタを集めるかは、活発な広報活動を展開していく上での重要なカギといえます。

見過ごされてきたネタの発掘方法

ここまで読んで、社内で広報担当が頼りにされるためにやるべきことが、頭では分かってきたと思います。ここからは、もう少し具体的に〝何をすれば良いのか？〟について考えていきましょう。

まずは、経営会議などに参加しているときにどういう目線で会議に参加すれば良いのか？

旬な話題に関連づけられないか

第1章の図表1-1（25ページ）で、メディアが好む「旬な話題」について解説しましたが、そこで紹介したように、メディアは旬な話題を常に探しています。その一方で、事業部門の人たちにはいまは何が旬であるかについての意識はあまりありません。ここに広報ネタにおける需給ギャップが存在します。事業部門の担当者は、自分たちの製品やサービスを宣伝してもらおうと色々とネタを提案してきますが、こういう話題には残念ながらあまりメディアは興味がありません。

第1章で説明した通り、メディアはその時の旬として、法改正や様々な社会トレンドの変化などに関連する話題に目を光らせています。私たちも、メディアと同じように旬なものには常に目を光らせる姿勢が求められます。

気持ちは記者のような気持ちで、そして新規性がなくてもいいのです。旬なことに絡んでいるネタに目を光らせることが重要です。外的環境に起因している自社の活動や現象に現場の皆さんはわりと鈍感なので、最終的にネタになるかどうかは別にしても、毎回最低ひとつはネタになる可能性の高い話題に出会うことができると思います。

受注状況などからトレンドの変化を察知する

経営会議では、どのような顧客からの受注が増えているかなど、業績や販売状況に関わる動きもつかめます。その際に、特定の業界からの引き合いが増えている、ある特定の用途に

図表6-1　ある商品の売上推移から気づきを得る

	4月	5月	前月比
製品A	100	**500**	500%
製品B	150	140	93%
製品C	1,000	900	90%
製品D	500	600	120%

（単位：百万円）

大きな変動に注目。特殊な要因や社会トレンドの変化が背景にあることが多くネタになる可能性が高いため。数字で語れる話題でもあり報道で扱いやすい

関する注文が増加している、などの社会トレンドの変化に通じるネタが見つかることがあります。こういうネタも割と見過ごされがちなのですが、メディアが興味を抱きやすいテーマになるので、広報担当が気づくべきところです。

また、日ごろの心がけとして、広報担当も、自社の商品やサービスなどの販売状況は月次ベースで確認しておくことをお勧めします。営業部門が作成している資料を見せてもらうだけで構いません。チェックポイントは図表6−1のように、前月比で急に販売が増えている商品です。

記事になる話題の条件として、旬に絡んでいることと、数字で語れることがあります。この探し方は旬なネタかどうかではなくて、数字から逆算して旬な話題を探そうとするアプローチ手法です。

私の経験談を紹介します。PM2・5（微小粒子状物質）

が初めて日本に押し寄せてきた年のことです。当時在籍していた会社で、毎月製品ごとの販売状況をチェックしていたら、ある製品の販売が激増していることに気づきました。これはネタになるかもと思い、その理由を営業担当に確認したら、ＰＭ２・５が押し寄せてきたためだったことが分かりました。

これは、「今年は花粉が多いのでマスクなどの花粉症対策商品が売れています」、といったネタと同じような構成要素です。旬な出来事や季節的な事象の影響を受けている製品やサービスは、急に販売が増えたりするものです。販売状況から逆算してネタを探す方法は、無駄な考察が不要でピンポイントでメディアが好む話題を抽出することができます。ネタ探しで、こんな手法も身につけていると販促に拍車をかける露出が獲得しやすいので、競合に差をつける広報が可能になります。

広報のフィルターを通すと露出につながりやすい

経営会議などの重要な会議体に広報担当が参加すること、そして広報担当が率先してネタを見つけていくことの重要性を紹介してきましたが、最後に、こうした活動をすることのメリットについて説明します。

広報担当者がネタを探すメリットとして、最初からメディアの目線でネタを見出すことができるため、その話題がテレビ局を含めた大手メディアで扱われやすいという特性があります。旬の要素が多く含まれているからです。また、専門性の高いBtoB企業の場合、製品に関する話題ではなかなか大手メディアに興味を持ってもらえませんが、広報担当の眼力によって見出されたネタによって、一般生活者を含めたお茶の間にリーチする話題づくりにつなげることが可能です。

広報発ヒット企画の裏側

私が所属しているアステリアもBtoB企業なので、当社の新製品リリースや導入事例に関わる発表に大手メディアが興味を示すことはまずありません。そこで、この壁を乗り越えるべく、私が入社した年に最初に仕込んだネタは第1章で紹介した「猛暑テレワーク」です。ここでは、この施策の実施背景や狙いについて、もう少し詳しく説明します。

事例①　猛暑テレワーク

私が入社した2015年当時、アステリアではテレワークが常態化していました。世の中全体では、ちょうどテレワークが認知され始めたタイミングで、「テレワークを始めました」という記事が散見されるようになっていました。このままでは当社のテレワークは既出のネタとして埋もれてしまう。それはもったいないと考え、新規性を出すために既存のテレワークと猛暑ネタを組み合わせた、新しい形態でのテレワークを始めることを会社に提案しました。

私の提案は、毎朝5時ごろに発表される当日の天気予報の時点で、最高気温が35度以上の猛暑日となることが予想されている日には、テレワーク勤務を原則とするルールが発動する、という新しい施策です。この提案の狙いは、数年前から実施している当社のテレワークに、季節の旬である〝猛暑〟に関連させた新しい要素を加えることで、新規性のある話題としてメディアに届けることでした。これが大当たりして、ほぼすべてのメディアから問い合わせを受け、その状態が5年ほど継続することになりました。猛暑ネタ、テレワークネタといったらアステリアに聞けば良い、という声も報道機関の皆さんから多く聞かれました。

これも「広報レジェンド」となり、私は社内のみんなから「長沼砲」という某週刊誌をもじったニックネームで呼ばれるようになりました。長沼に相談すれば自分たちの製品もテレビで紹介されるかもしれないという期待が持たれるようになり、転職してから3カ月足らずで広報に対する信頼を得ることができました。

ほかにも季節に応じて、豪雪／台風／お花見／ふるさとへの帰省なども絡めたテレワークを展開し、働き方改革が進んでいる企業としての認知を広めていくことができました。この活動や報道によって、日本テレワーク協会が主催するテレワーク推進賞を受賞することにもなり、さらに柔軟な働き方が取り入れられるという好循環ができています。広報部門の提案で始まった活動は、社会トレンドを上手につかむことができる場合も多いので、報道されるだけでなくアワード受賞などの思いがけない評価を受けることもあります。

事例②　水際対策強化の影響による特例措置

コロナ感染拡大抑止に向けた空港での水際対策が強化された関係で、外国籍の採用者の日本入国が困難になった時期がありました（2020年の年末当時）。ある日の経営会議では、この影響による特例措置として、東京本社に入社予定だった新入社員には、しばらく母国（オーストラリア）に滞在したままで入社してもらうことにした、という報告がありました。

この話題も、対外的に発信する予定はなかったのですが、報告を聞いていて「これはネタになる」と思い、メディアにネタとして提案することの許可をその場で得ました。この当時、水際対策強化によってビジネスパーソンも日本に入国することができないことが大きな社会問題になっていました。この情勢に合わせて、付き合いのある数人のメディアにニュースレターで話題提供をしたところ、日経新聞本紙で2回ほど記事化され、そのうち1回は本紙朝刊1面での紹介となりました。

事例③　インフルエンザ流行に合わせた話題

こちらも経営会議で不意に耳にした施策でした。まだコロナが蔓延する前、インフルエンザの流行が危惧されていた年のことです。副業やフリーランスを含めた全社員とその家族のインフルエンザワクチン接種費用の全額を会社負担とする施策です。副業やフリーランスで当社に関わってくれている人も会社負担の対象に含めたのは私のアイデアですが、ちょうど多様な働き方が注目され始めたころだったので、インフルエンザ×多様な働き方、と掛け合わせられるのではないかと思っての発案でした。結果として、この取り組みはテレビ東京の「ＷＢＳ（ワールドビジネスサテライト）」で取り上げられることとなりました。

といった形で、広報担当が見出したネタや、広報のアレンジが多く含まれている話題は、メディアの関心テーマ（メディアインサイト）に直結するので報道されやすいという特長があります。経営会議に参加して有益な話題を見出すためには、旬な話題であるかどうかを見極めるアンテナや眼力を日常的に研ぎ澄ますことが必要です。一方で広報担当自身が会社の様々な情報に触れることは、色々なネタとの出会いを増やすことにつながり、見過ごしていた話題の取りこぼしを抑制できるはずです。

社外PRスタッフ活用の考え方

事業部門から依頼された話題に加えて、広報発案のネタも手がけるようになると、私たちの人的リソースはたちまち枯渇してきます。急に発生するリリースへの対応などもありますので、広報部門に対する社内の依存度や期待値が高まるとたちまち手が回らなくなります。そんな時に検討したいのが、自分たちのリソースをどうやって守っていくか、ということです。

例えば、日常的な広報業務（ポジティブな発信）は次のように因数分解できます。

①旬に合わせた話題の企画（社内調整を含めたネタづくり全般）
②事業部門から上がってくるネタへの対応（中身が固まっている話題に関するリリース作成など）
③取材対応

④メディアへのアプローチ（リリースの送付や個別での提案）
⑤クリッピングなどの事後対応
⑥オウンドメディアなどでの発信

広報業務において最も労働価値が高い部分は①です。これは、ゼロからネタを企画することで、基本的には社内の人にしかできない部分です。社内調整にも相応の時間がかかり、会社の事情も熟知していなければなりません。そのため、私たちのエンジンとしても、この部分にリソースをかけて日常的にネタを生み出さなければなりません。

その一方で②の事業部門から上がってくるネタは、その中身がほぼ固まっています。こういう話題では、広報担当が手を施す必要がないケースが多いです。旬に絡むようなアレンジは行うものの、粛々とリリースの体裁に落とし込んで事業部門が望む時期に発表をする。①に比べると、広報担当の知見やノウハウが生きる部分は少なく、プレスリリースにきちんと落とし込むテクニックがあれば社外の人材であっても対応できる領域です。

広報リソースが不足してきた時は、こうした考え方に基づいて、①の部分以外は外部の事業者やフリーランス（副業）人材に任せることを考えるといいでしょう。

ちなみに私の場合、②で上がってくるような話題のプレスリリースについては、しっかりとしたディレクションは行った上で外部のパートナーにお任せし、社内のリソースはできるだけ①に費やすことができるようにしています。ひとり広報の方も、こういう発想でできるだけ広報機能の根幹となるネタを企画することにリソースを集中させて、一定の知識と経験があれば誰に任せても同じような品質でアウトプットができるものについては、アウトソースしていくようにしてみてください。

広報はスタッフ部門です。正規採用で人数を増やすことができれば良いのですが、業績や景気動向によって人数の増減が起こりやすい部署でもあります。スタートアップや新興企業の場合、広報機能に過分な人材を配置することは、会社への負荷を大きくしてしまう恐れがあります。仕事量にも柔軟に対応することができるので、まずはアウトソースを活用しながらネタをつくり出すためのリソースを維持し、成果を積み重ねることによって配属社員も増やしていく、というロードマップを描いていければ良いと思います。

みんなで広報のポジションを高めていこう

私もひとり広報の時代があり、その時は自分でネタを考えてメディアに提案し取材対応も自分でこなしていたので、なかなかデスクにかじりついて仕事をすることができませんでした。そのため、プレスリリースの作成はアウトソースしてネタを考える時間を確保することで、メディアとのやり取りや取材対応などのフロント業務が停滞しないようにしてきました。

現在の会社でも2015年4月に入社した時は、ひとりでスタートした広報機能でしたが、成果を上げ続けることで部門を強化することにつながりました。最初の〝ひとり広報〟→広報・IR室→広報・IR部→コミュニケーション本部と概ね2年周期で部門としてのポジションを高めてもらうことができて、私自身も現在では執行役員を務めています。また人数もひとりから現在では9人の体制となっています。

こんなに成果が上がるのならもっと広報に力を入れていこう、という気持ちにさせることが重要です。つまり広報のベネフィットを、社長や経営陣を含めた社内の人たちにどう分かってもらうかについても考えながら活動ができると良いと思います。

繰り返しになりますが、広報は人事や経理に比べると、まだまだ新しい職種・機能です。その役割や効果については誤解も多く、広報の力を正しく理解している人も少ない状況です。皆さんの力で「広報レジェンド」をたくさん積み上げていくことによって、身の周りの皆さんを驚かせながら、広報機能の立ち位置を高めていければと願っています。

アイスブレイク

企業ＰＲから経営者ブランディングへ

広報活動が、製品ＰＲなど販売促進に通じる内容に偏っている企業が多いのが実情です。すべてのプレスリリースが新製品や導入事例に関する製品ＰＲである企業も少なくないでしょう。広報の目的として売り上げへの貢献を第一に掲げている企業が多いのでこうなりがちですが、広報のネタを考える時には、もう少し視野を広げて考える必要があります。

例えば働き方改革に関わるテーマです。

・テレワークを始めました
・地方移住を認めました
・ベースアップ○％を実施しました

このような、いわゆる企業ＰＲに関する話題への対応ができていない企業が少なくありません。

販売につながるわけではないしこんなネタには興味がない、という声も聞こえてきそうですが、本当にそれだけで判断してよいのでしょうか？

私たちの活動は、顧客に対するものだけではありません。企業活動は実はもっと幅広くて、上場企業であれば投資家、採用活動では学生やキャリア採用の求職者など幅広いステークホルダーにも目を向けた活動をしなければなりません。

特にＢtoＢ企業の場合、製品ＰＲばかりに集中してしまうと、一般生活者を含めた投資家や学生などにリーチさせることができないという課題が残ります。

それを解消する方法のひとつが、企業ＰＲにも注力することです。前述の通り、アステリアでは働き方改革に通じる話題を積極的に発信することによって、テレビを含めた一般的なメディアでの露出につなげてきました。自社製品のネタだけでは、なかなかなし得なかったことであり、こうした露出が学生や投資家にもリーチすることになりました。

また企業ＰＲは、その内容に経営者の思いが多く含まれるという特性があります。どちらかというとビジネス貢献が狙いである製品ＰＲに比べて、企業ＰＲに通じるネタは社会的な意義が大きくなるからです。従業員の働く環境をより良くしたい、日本の企業の生産性を高めたい、多様な人材が活躍できる環境をつくり上げたい、などのメッセージにもつながり、こうしたメッセージは経営者の考え方やその組織の理念などの先進性を訴求することに直結します。ですから、うまく報道につながる場合には、社長へのインタビューもセットされることが多く、経営者としての思いを直接、幅広く届けることが可能になります。

このように企業ＰＲに関するネタを発信することで、経営者のレピュテーションが向上する可能性が高まり、経営者自身のブランディングにもつながります。その結果として、著名メディアが選定している〇〇経営者賞などの受賞や、国際的なイベントなどからの登壇オファーが届いたりするようになります。

こういう〝誉れ〟となるような体験は、経営者と広報担当の絆を深める機会にもなり、広報は経営者の良き参謀としても活動できるようになってきます。経営者のプロモーターとでもいえるでしょうか。色んな局面でどう振る舞うべきか、社会に対してどんなメッセージが

図表6-2　経営者ブランディングにつながった例

英エコノミスト社主催による社会の多様性を推進する国際フォーラム「Pride and Prejudice」（会場：香港 Hotel ICON）に登壇するアステリアの平野洋一郎社長（2017年3月23日）。当時、アステリアはLGBTの人たちの受け入れを推進する社内規定の改定を他社に先駆けて実施しており、多様性を推進する企業として注目を集めた。フォーラムでは日本企業からの唯一の登壇者として、アジアの著名企業の経営者とのパネルディスカッションに参加した

有効か、などについて私たちが持ち得ている知見を駆使し、あざとい振る舞いを実現する上でのアドバイスを行うことが日常的に求められてくるようにもなってきます。

私たちは「広報レジェンド」を積み重ねていくことにより、自分のフィールドを広げることができて、組織の中での立ち位置も高めていくことができます。広報活動による成果やベネフィットを色んな人たちと共有できれば、独特な広報の世界観を理解してもらうことにつながり、一見遠回りであるようなことでも、広報の言う通りに動いてくれるようになってくるものです。

「広報をもっと活用すべきだ」と声高に叫ぶのではなくて、地道に一つひとつ成果を出していきながら、広報の価値や存在意義を分かってもらうことが必要です。

ぜひ、より多くの人たちに広報の力を示していきましょう。それこそが、広報職に携わる私たちみんなの発展にもつながるはずです。

巻末付録

＼現場の悩みを解決！／

広報Q&A

筆者が数多くの勉強会や広報パーソンとのヒアリングを重ねる中で、
頻繁に寄せられる質問とその答えをまとめました。
本書を手元に置いて、困ったらこのコーナーから
読んでいただくと、より理解が深まるでしょう。

Q1 大手のメディアに取り上げてもらうには？

A 法改正やその時の時節ネタなど、旬に関連させた話題を提案することです。自分たちが訴えたいことだけでは、大手メディアの関心を引きつけることは難しいです。その時に、メディアがどんなテーマに関心を持っているのかについて理解した上で、文脈を組み立てていきましょう。

参照：第1章「第三者目線で自社を見渡すクールなハート」21ページほか

Q2 ニュース番組や新聞紙面のコーナーをすべて把握するのは難しいですが、話題を提案する時にはどんな企画が良いですか？取り上げてもらうコーナーを意識する必要はありますか。

A ニュース番組や紙面のコーナーに合わせることも有効ですが、すべてのメディアに合わせて考えると無限に広がるので、まずはどんなメディアも興味を持つような話題を企画することに注力しましょう。コーナーを狙うよりは、話題の切り口を変えることで掲載記事のバリエーションを広げることのほうが有効です。

例えば①企業、②商品（サービス）、③経営者、④商品担当者のパーソナリティなどのように、取り上げてもらう主題を切り替えることです。また、旬な話題であればいままで付き合いのなかった記者も興味を持つでしょう。報道価値の高い話題を仕込むことができた際には、記者クラブなども活用しながら幅広く配信してみましょう。

参照：第2章「メディアの選定とアプローチの仕方」56ページ

Q3

所属先の業態上、新商品といえるものがないのでプレスリリースにできる話題がほとんどありません。どうやって話題を見つければ良いでしょうか。

A 新商品ばかりがプレスリリースのネタになるわけではありません。○○に関する引き合いが急増している、といった〝状態〟や〝トレンド〟などもネタになります。組織の中には、こういう話題が意外と埋もれているものです。現場のスタッフは、そんなことが記事になるとは思っていないので、広報に情報が届きにくいのです。

参照：第6章「見過ごされてきたネタの発掘方法」184ページ

Q4 日々大量のプレスリリースが発信される中で、埋もれることなくメディアの興味を引きつけるコツを教えてください。

A 季節に応じたテーマや瞬間的にホットになっている話題など、タイトルにその時の旬に絡んだ〝バズワード〟を含めることです。リリースを見ただけで「これは記事にできるかもしれない」という期待を記者に感じさせるタイトルを目指しましょう。

参照：第4章「プレスリリースの標準的なスタイル」117ページ

Q5 今度発表するテーマについて、記者会見をすべきかどうか悩んでいます。

A 社運をかけた新製品や新市場への参入、著名企業との業務提携など、社会や業界全体に相応のインパクトを与えるようなニュースが記者会見には向いています。発表するテーマの報道価値や十分な撮れ高が期待されないと来場メディアが増えないので、記者のニーズに応える旬な要素も不可欠です。

参照：第3章「テレビには記者発表で『撮れ高』を提供しよう」78ページほか

Q6 記者会見に多くのメディアを集めるにはどうしたらいいですか。

A その時に発表する必然性が高いテーマや話題であれば、幅広い属性のメディアが集まりやすくなります。また、未接触のメディアにも届けるために、記者クラブを通じた取材案内の配信も積極的に行いましょう。タイムリーな話題であれば、接点のなかった記者からも問い合わせが届くことがあります。

参照：第3章「取材案内やプレスリリースのつくり方」87ページ

Q7

記者会見にテレビ取材を呼ぶコツ、見せ場のつくり方を教えてください。

A テレビ局が必要とするのは〝撮れ高〟。画《え》になるシーンがあるか、映像で伝える必要のあるシーンがあるかどうかが問われます。ロボットなどの動くものであればデモンストレーションは必須。調印式やテープカットなどのセレモニーも有効です。

参照：第3章「テレビには記者発表で『撮れ高』を提供しよう」78ページ

Q8

記者会見や取材でメディア対応を担当する社員の説明があまり上手ではありません。どうしたらいいでしょうか。

A メディア対応には向き不向きがあります。そうした個人差を埋めるために記者に対する説明のアウトラインは広報担当が作成するなどして、話すのが得意ではない人がインタビュー対応しても論調に影響が出ないようにしましょう。また、要職に昇格するタイミングで、専門の会社による取材トレーニングを受けてもらうことも良いと思います。日常的な取材対応やメディア勉強会などの場数を増やし、実践を重ねていきながらメディア対応に慣れてもらうことも重要です。

参照：第3章「メディアへのアプローチ方法②メディア向け勉強会」100ページ

Q9 プレスリリースの送付先を増やすコツを知りたいです。

A 基本的には記者クラブを活用するのが得策です。建設、自動車、医学などの業界に特化したクラブもあるので、自社の話題を届けるべきメディアに応じたクラブを活用しましょう。また、対応してくれないこともありますが、話題を届けたいメディアに電話などで連絡をして、リリースの送付先を聞いてみてもよいでしょう。

参照：第3章「メディアへのアプローチ方法①記者クラブの使い方」95ページ

Q10 これまで接点のない記者やメディアへのアプローチはどうしたらいいでしょうか。

A 個別アプローチが不要な記者クラブの利用やメディア勉強会の開催が、接点のなかった記者との関係をつくる最も合理的な方法です。最近では、SNSでの発信を積極的に行っている記者が増えてきました。メディアのニーズに合致した旬な話題であれば、記者にDM（ダイレクトメッセージ）でアプローチすることも有効でしょう。

そのほか、関連資料の担当部門への郵送（○○新聞○○部 御中）、新聞紙面に掲載されている担当部門代表アドレスへのメール送信など、様々な方法を試してみましょう。

参照：第3章「メディアへのアプローチ方法① 記者クラブの使い方」95ページ／「メディアへのアプローチ方法② メディア向け勉強会」100ページ

Q11 リリースを出す際、毎回同じメディアにリークしていますがそれで良いのでしょうか？

A いつもリークをしているメディアとの関係性は良くなるかもしれませんが、ほかのメディアの関心が薄れてしまう恐れがあります。そもそも報道価値が高ければ、リークをしなくても複数のメディアで報道される可能性があります。多様なメディアと良好な関係を構築することも私たちの大事なミッションです。同一メディアにばかりリークをする行為は、控えたほうが良いでしょう。

参照：第４章「プレスリリースを届ける３つの方法」１３３ページ

Q12 製品担当からヒアリングした内容をそのままリリースに書いていますが、これで良いのでしょうか。メディアが受け止めやすいリリースを書くコツを知りたいです。

A 同じような話題に関する報道を見て、記事で必要になる要素を選別して文章にしてみてください。ヒアリングした内容から、メディアに伝える必要のある情報を選択することが重要。日々の報道チェックで、この眼力を鍛えましょう。最終的な記事のイメージを想像することで、リリースに書くべきことが見えてくるはずです。

参照：第2章「新聞は広報活動の最良の教科書」46ページ／「報道コンテンツを熟知するための第一歩」52ページ

Q13 メディア向け勉強会を行うメリットは？

A まだメディアとの接点が少ない企業でも、一度に多くの記者を集めることができるので、記者との最初のタッチポイントになります。また、旬なテーマにおけるポジションの獲得につながり、登壇者のコメントが紙面で使われることに留まらず、個別取材のオファーが多数入ることも期待できます。

参照：第3章「メディアへのアプローチ方法②メディア向け勉強会」100ページ

Q14 メディア向け勉強会を行いたいのですが、どんなテーマが向いていますか。

A これから一般市民や業界関係者、そしてメディアの関心が高まりそうな話題。例えば、法改正や最近の業界・社会トレンドに関する解説などが向いています。あらかじめ予定が決まっている法改正であれば、施行日の半年から2カ月ぐらい前に実施しましょう。他社が手がける前に実施することもポイントです。

参照：第3章「メディアへのアプローチ方法②メディア向け勉強会」100ページ

Q15 メディア向け勉強会では誰が何を話せば良いのでしょうか？

A そのテーマについての知見を持っている人であれば誰でも構いません。記者からは様々な質問が寄せられるので、きちんと対応できる知識と経験を持っている人が望ましいです。法律に関する内容の場合は、客観性を高めるために弁護士などの第三者に有識者として同席（登壇）してもらうことが有効です。主催企業のポジショントークだと思われないような、登壇者や構成の工夫が必要な場合もあります。

参照：第3章「メディアへのアプローチ方法②メディア向け勉強会」100ページ

Q16
地方出張などの際に、地元メディアとの接点をつくりたいと考えています。どんなコンタクト方法がありますか。

A 地の利がない地域での広報活動では、地元の記者の連絡先が分からないケースが多いですが、県庁や商工会議所に設置されている記者クラブを活用すれば、地元のメディアに取材案内やプレスリリースを届けることが可能です。

参照：第3章「メディアへのアプローチ方法①記者クラブの使い方」95ページ

Q17
記者クラブは誰でも使えるのでしょうか？

A 事前予約などの手続きをすれば、基本的に利用可能です（一部の記者クラブは特定業界に特化していたり、官公庁や業界団体のリリースしか受け付けないケースがあります）。

参照：第3章「メディアへのアプローチ方法①記者クラブの使い方」95ページ

Q18 記者クラブの申込書などに書いてある「記者レク」とは何ですか？

A 記者クラブにメディアを集めた説明会のこと。通常、広報担当者が説明をする形式で、投函するプレスリリースなどの内容についての説明と質疑応答を行うものです。ネタが豊富な東京では稀ですが、地方の記者クラブでは日常的に行われています。

参照：第3章「メディアへのアプローチ方法① 記者クラブの使い方」95ページ

Q19 計画的なメディア掲載の実現が目標です。そのためのトレンドや潮流の把握の仕方を教えてください。

A 自分たちのビジネスや活動に関連する法改正や規制緩和の予定や、「○○の日」などの記念日を把握し、その時にメディアが取材しようとするテーマを1年程度先まで予測するとよいでしょう。

参照：第2章「『先読み』広報担当のルーティン」60ページ

Q20 社内のネタを発掘するコツが知りたいです。

A 新聞やテレビの報道を毎日チェックし、メディアが好む話題の特性が分かるようになると、報道価値があるのに社内で見過ごされているネタに気づけるようになります。事業部門などから寄せられるネタだけを対外発表するのではなく、経営会議などの全社を束ねる会議で報告された内容にも目を通して、有益なネタが埋もれていないかチェックしていきましょう。

参照：第2章「『先読み』広報担当のルーティン」60ページ

Q21 社長や経営幹部がなかなか取材対応に協力してくれません。どうすればいいでしょうか？

A 向き不向きはありますが、社長や経営幹部の発言だからこそ報道価値が高まる場面は少なくありません。またトップの取材対応ができないと、露出量において競合に大きく劣ることにもなりかねません。

他社の社長の振る舞いを見せて必要性を説得したり、取材での台本を広報が作成するなどして、取材を受けてもらえるような雰囲気づくりをしていきましょう。

参照：第3章「メディアへのアプローチ方法② メディア向け勉強会」100ページ

Q22 広報活動で経営者の認知度を高めたり、ブランディングにつなげたいと考えています。どんなことに取り組んだらいいですか。

A 経営者のブランディングのためには経営手腕を示すことが必要です。好業績を続けることができれば一番良いのですが、それ以外の方法では企業ＰＲを積極的に仕掛けることでも実現できます。具体的には、働き方改革やＳＤＧｓの文脈に関わる話題を積極的に発信していると、経営者の考え方の先進性についてのメディアの関心が高まってくることが多いです。また、こうした取り組みに関する報道が増えることで、「〇〇経営者賞」などの経営者を表彰するアワードの獲得につながることも少なくありません。

参照：第6章「アイスブレイク：企業ＰＲから経営者ブランディングへ」198ページ

Q23
上司や他の部門の関係者にもっと広報について理解してもらいたいと考えています。広報の意義をどのように伝えたらいいですか。

A ジョブローテーションにより定期的に配属が変わる企業では、広報の知識がまったくない人が上司になり、仕事の進め方などで意見が対立するケースが少なくありません。広報や報道のメカニズムへの理解を促すためには、「広報レジェンド」を見せることで意識を変えてもらうことが必要です。まず手始めに企業ＰＲネタから仕込んでみて、報道の効果や広報の正しいプロセスを見せながら意識啓発を図っていきましょう。

参照：第6章「アイスブレイク：企業ＰＲから経営者ブランディングへ」198ページ

Q24
年末年始や連休などの期間にメディアが好むネタの傾向とは？

A その時のブームや社会的なトレンドに関する話題が好まれます。過去1年間ぐらいの間に施行された法律や新しいルールによって起こっている変化や、地方移住やサウナブームなど緩やかにホットな状態が続いていて、働き方や生活の変化に通じるテーマなどです。また、年末年始やお盆期間などで紙面に余裕がある時には、人にフォーカスした記事が増えることも多いです。各社探しているテーマは様々なので、ひとつではなく、複数の話題をニュースレターにまとめて提供すると成功確率が高まります。

参照：第６章「『広報レジェンド』をつくろう」１７４ページほか

Q25 取材を受けたにもかかわらず、掲載されないことがよくあります。なぜでしょうか？

A メディアが求めているのは旬なことに絡む内容です。会社の理念や生い立ち、創業以来大切にしているコア技術など、定性的なことの説明に終始するような受け答えだと、いま取り上げる必然性が落ちてしまい、報道価値が高くなりません。その結果として、せっかくインタビューを受けても記事化には至らないことがよくあります。

第1章の図表1―1「メディアが好む『旬な話題』とは?」を参考にして、第一・四象限にあるようなテーマに絡んだ話題を提供することが基本。メディアが求めている物事から逆算して、インタビューで答えるコンテンツの質を高めていきましょう。

参照:第1章「第三者目線で自社を見渡すクールなハート」21ページほか

Q26

メディアと良好な関係を築くためのコツを知りたいです。どこまで積極的に売り込んでいいのか分かりません。どんな人が好かれるのでしょうか?

A 報道価値のある話題を提供してくれる広報担当だ、という印象を持ってもらうことです。多くの広報担当者は、自分の都合だけで「当社の製品を取り上げてください」というお願いをしていますが、ここには宣伝的な要素しかなく、メディアにとってハッピーなことがありません。自分自身の経験から感じていることですが、有益なネタの提供元としてメディアからの信頼を得られれば、たまには自社都合での宣伝的なPRの相談も受け入れてもらえると考えています。

Q27 自分の転職や記者の担当変更があっても、一度つながった記者との関係を末永く維持するためのコツを教えてください。

参照：第1章「第三者目線で自社を見渡すクールなハート」21ページほか

A 例えば、最近ご無沙汰な記者の署名記事を見つけたら、すぐに感想を送ってみましょう。自分の記事が出た日は、自分はおかしなことを書いてしまってはいないか、と不安な気持ちになっている記者が意外と多いようです。そんな時に旧知の人からの連絡があって、自分の記事を読んでくれたこと、興味深く感じてくれたことなどが伝わるとうれしいもの。連絡する際には、カジュアルにSNSのDMなどで感想を送ってみてもよいでしょう。またその際には、最近どんな話題を探しているのか聞いてみたり、自社のちょっとした話題を伝えてみても良いと思います。

参照：第2章「『先読み』広報担当のルーティン」60ページ

Q28 新卒で広報に配属されました。広報のプロとして成長していくためにはどんなことをすべきでしょうか。

A 報道のパターンやメカニズムを学ぶところから始めると良いでしょう。まずは新聞を読むことです。なぜ、この話題がこんなに大きく報じられたのか、どんな要素があれば記事が書かれやすいのか、といったことは新聞で深く学ぶことが可能です。こうした知識を蓄積していくことで、正しい発信手法や発表内容を見出せる広報担当に成長することができます。記者の傾向を学ぶことから取り組んでいきましょう。

参照：第1章「第三者目線で自社を見渡すクールなハート」21ページほか

Q29 SNSを活用したデジタルPRに力を入れたいです。どのようなことをすればいいですか。

A オウンドメディアの一種として、SNSの公式アカウントの運営も広報担当の役割といっても過言ではありません。プレスリリースした内容や自社に関する報道については積極的にSNSでも発信し、幅広いステークホルダーとのタッチポイントを広げていきましょう。報道による注目度も活用すると、より多くのインプレッションやフォロワー獲得につながるはずです。また、社内にノウハウがなくても、外部人材を上手に活用すると専門性の高い運営体制を早くつくることができます。

参照：第5章「広報活動をどのように評価するか」140ページ

Q30 広報活動のKPIはどのように設定すればいいですか。

A 従来の主流であった広告換算額から、近年では報道によってどのような行動変容につながったかを推し量ろうとするアプローチが主流になってきています。報道後のウェブサイトのPVの変化や自社商品への新規引き合い件数、人材採用の申し込み人数などに加え、さらには公式SNSアカウントをきちんと運用していると、そこでもインプレッションなどの増減を確認しやすくなり、KPIとしても利活用が可能です。

参照：第5章「広報効果測定の基本的な考え方」151ページ

アイスブレイク

ChatGPTを広報活動に取り入れてみよう

2022年11月に公開されたOpenAI社による対話型AI（人工知能）「ChatGPT（チャットGPT）」は、またたく間に世界中に広がり様々なシーンで活用され始めています。日常業務でAIが手軽に利用できるようになることで、私たちの労力が大きく削減されることのほか、クリエイティブな創作活動での貢献も期待されています。

広報業務でも色々な可能性を秘めているツールです。ただし、秘匿性などに一定の課題があることから、リスクを正しく理解して活用することが重要です。そこで、本書を執筆している最中に大きな盛り上がりを見せている「チャットGPT」について、広報業務でどのような活用方法があるのかについて紹介します。

機密情報や未発表情報は入力しない

まず大前提として、チャットＧＰＴに入力した情報は、第三者に見られてしまう可能性があります。会社の機密情報やこれからリリースしようとしている未発表情報などは、絶対に入力しないことが重要なポイントです。

例えば、チャットＧＰＴを使用して新製品に関するプレスリリースのドラフトを作成することは危険です。未発表である新製品の機能や概要を、チャットＧＰＴにインプットすることになるからです。チャットＧＰＴに入力した情報は自分たちの管理下から離れてしまうものと考えましょう。

オウンドメディアに投稿するコンテンツを作成する

発表済みの情報であれば、万が一誰かに見られても問題ありません。例えば、ブログやＳＮＳなどのオウンドメディアでは、発表済みの情報を再編集して投稿することが多いですよね。このようなコンテンツづくりで活用することをお勧めします。チャットＧＰＴに明確な指示をすれば、ツイッターやnoteなどの投稿先に適した文章を作成してくれます。

〈事例1〉発表したプレスリリースに関するツイッターへの投稿文の作成

【チャットGPTへの入力例】

あなたは○○○社の広報担当者です。昨日、以下のプレスリリースを発表しました。この内容をツイッターでも紹介したいので、ツイートする内容を考えてもらえますか?
（指示する内容の下に、プレスリリースの内容の全文を貼りつける。チャットGPTはURLで指定されたリンク先の内容を読み取ってはくれないのでテキストを貼りつける必要がある）

このような指示をすると、ツイッターに適した表現スタイルで制限文字数に収まる文案を考えてくれます。ハッシュタグをつけるワードも3つほど提案してくれます。

AIを活用することの副産物として、人間が考える文章は承認欲求を満たすための文脈になりがちですが、AIにはニュートラルな視点と適度な〝あざとさ〟があるので、幅広い読者に受け入れてもらいやすい文章になることが多いと感じます。ただ、まだ発展途上ともいえるチャットGPTの創作物には、誤った内容や拙い部分が含まれることがあるので、人の目による最終チェックと加筆などの微調整を行ってから投稿するとよいでしょう。

〈事例2〉ブログに投稿する記事の執筆やニュースレターの作成などで活用

チャットGPTは議事録の作成など、大量の情報を読みやすくまとめる能力に長けています。文字数などを指定し、体裁にも希望があれば具体的に記載（指示）すると、それに対応した文書を即座に作成してくれます。

500字、1000字などの文字数と、何をベースに作文すればよいのかについて具体的に指示を出せば用途に合った文章を作成してくれます。私はチャットGPTを使って、既に発表済みの話題に関する取材を提案するニュースレターを何度か作成してみましたが、高い完成度だと感じています。この書籍でも何度かご紹介した「猛暑テレワーク」に関するニュースレターを書いてもらったサンプルが**図表7-1**です。当社がプレスリリースを通じて発信した内容に加えて、過去の報道から引用された部分も多くありました。

図表7-1　ChatGPT が作成したニュースレターの文例

件名：アステリア社が猛暑期間中のテレワーク取組みについて取材のご提案

報道関係各位

株式会社アステリア（本社：東京都渋谷区）です。今夏、我々が取り組む猛暑テレワークの施策について、ご取材いただけることを提案させていただきます。

我々アステリアは、2015 年より毎年夏期に実施している「猛暑テレワーク」を今年も実施します。この期間中、社員全員が自宅や好適な場所から働くことで、猛暑による通勤負担を減らし、健康と生産性の維持を目指しています。

当社は IT 企業であり、通常業務のほとんどがデジタル化され、リモートワークが可能な環境にあります。これにより、テレワークを通じて業務効率や生産性を向上させるだけでなく、従業員のワークライフバランスの改善にも寄与しています。

我々の取り組みは、社員の健康と生産性の向上を目指す一方、エコロジーの観点からも意義深いものとなっております。通勤による二酸化炭素排出量を削減し、地球温暖化対策にも貢献しています。

我々の「猛暑テレワーク」は、新型コロナウイルスのパンデミック以前から始まった取り組みであり、現代の働き方のトレンドに先駆けたものでした。その実施と結果、テレワークの課題とその解決策についての我々の経験と洞察は、多くの企業がテレワークを継続的に導入する中で、非常に有益な情報を提供できると信じています。

ここで、アステリアの猛暑テレワーク取り組みについて、その実施の背景、取り組みの具体的な内容、達成された結果、そしてこれからの展望などについて深掘り取材いただければ幸いです。

以上の内容につきまして、取材のご希望や質問等がございましたら、お気軽にお問合せください。

今後ともどうぞ宜しくお願い申し上げます。

株式会社アステリア
広報部

たまには、AI に作文をしてもらうことで客観的に自社を見返すことができるとも考えています。こういう見方もあるのか、確かにここを強調した方が自社の強みが伝わるな、という気づきにつながるかもしれません

調査や統計資料を探してもらう

第4章でも説明したように、その商品のニーズや業界全体の市場規模が高まっていることを客観的に証明できれば、説得力の高いプレスリリースに仕上げることが可能です。ただ、自分がほしい調査や統計データを探す作業は非常に大変ですよね。そこでチャットＧＰＴにこんな質問をしてみます。

【チャットＧＰＴへの入力例】

各企業の外国人労働者の比率を調べています。また産業（業界）別の平均値も調べています。関係省庁が発表している資料のなかで、参考になるものはありますか？

と聞いてみると、厚生労働省が発表する「外国人労働者雇用状況」に含まれていることを教えてくれました。そこで「外国人労働者雇用状況」と検索してみると、厚労省のサイト内に「外国人雇用状況」というタイトルの統計が定期的に発表されていることが分かり、その中にほしい情報が含まれていました。

チャットＧＰＴの回答では、調査名称に誤りはありましたが自力で探すよりも短時間ではしいデータを見つけることができました。なお、チャットＧＰＴの特性上、少し古い情報からの提案になるので、見つけてくれた統計データの最新版を探してみるなど人力による追加リサーチで補完するようにしましょう。

将来的には、メディア自体がＡＩ化する可能性があります。つまりＡＩがネット上を探索して、有益と思われる話題を取り上げる。そして、広報担当者はＡＩに好まれるような話題を発信したり、時にはＡＩから取材を受けたりすることになるのかもしれません。そんな未来も想像しながら、いまからＡＩとの対話を始めていけば良いのではないでしょうか。

今後、ＡＩに好まれるようなプレスリリースの書き方がノウハウ化するかもしれません。そんな広報・報道の領域におけるイノベーションはいつか起こるはずなので、未来を先取りする気持ちも持ちながらチャットＧＰＴを活用していきましょう。

おわりに

本書は、約20年間にわたる私の広報活動の中で、様々な試行錯誤から学び、体得してきたこと、また考えてきたことを書き下ろしたものです。自分自身のこれまでを振り返って気づいたのですが、私が広報担当に着任したころは、広報に対する周囲の理解がまったくといっていいほどありませんでした。

プレスリリースを出そうと提案しても、「競合に真似されるだけだから対外的な広報なんかやめてくれ」と詰め寄られたり、広報部門は社内報をつくるためだけの機能だと思っている人がいたり、何をするにもこうした誤解を解くことから始める必要がありました。

それが現在では、広報活動に興味を持つ人や重要な活動だと考える人が増えていて、様々な企業や団体で広報パーソンが活躍していることを喜ばしく感じています。２０１７年1月から毎月セミナーを行っている「広報勉強会@イフラボ」には、これまでに１５００人以上の広報パーソンが参加してくれています。2～3年ほど前からは経営者（起業家）や事業責任者を担っているような方も参加してくれるようになりました。

参加者の所属属性も、最近では医療機関や大学などの教育機関、業界団体・官公庁・政府系機関の職員の方などと幅広く、広報パーソンのすそ野は多様な領域に広がっていることも実感しています。また、広報活動を強化したいという業界団体やNPOから理事などの就任要請をいただく機会も増えていて、広報に向けたモチベーションの熱量は業界を問わずホットになってきています。

サステナブルな広報活動の実現に向けて

たくさんの人たちが広報活動に興味を持ってくれていることはうれしい半面、自分たちにとって都合の良いことだけを報道してくれるのがメディアだと勘違いしている人、広報と広告の区別がついていない人がまだまだ多いことは見過ごすことができない事実です。組織の中で広報活動を活性化していこうとするならば、正しい理解を促す意識啓発も不可欠です。

そこで重要なのが、第6章で紹介した「広報レジェンド」、つまり誰もが認める実績を上

図表7-2　持続可能な広報活動を実現するサイクル

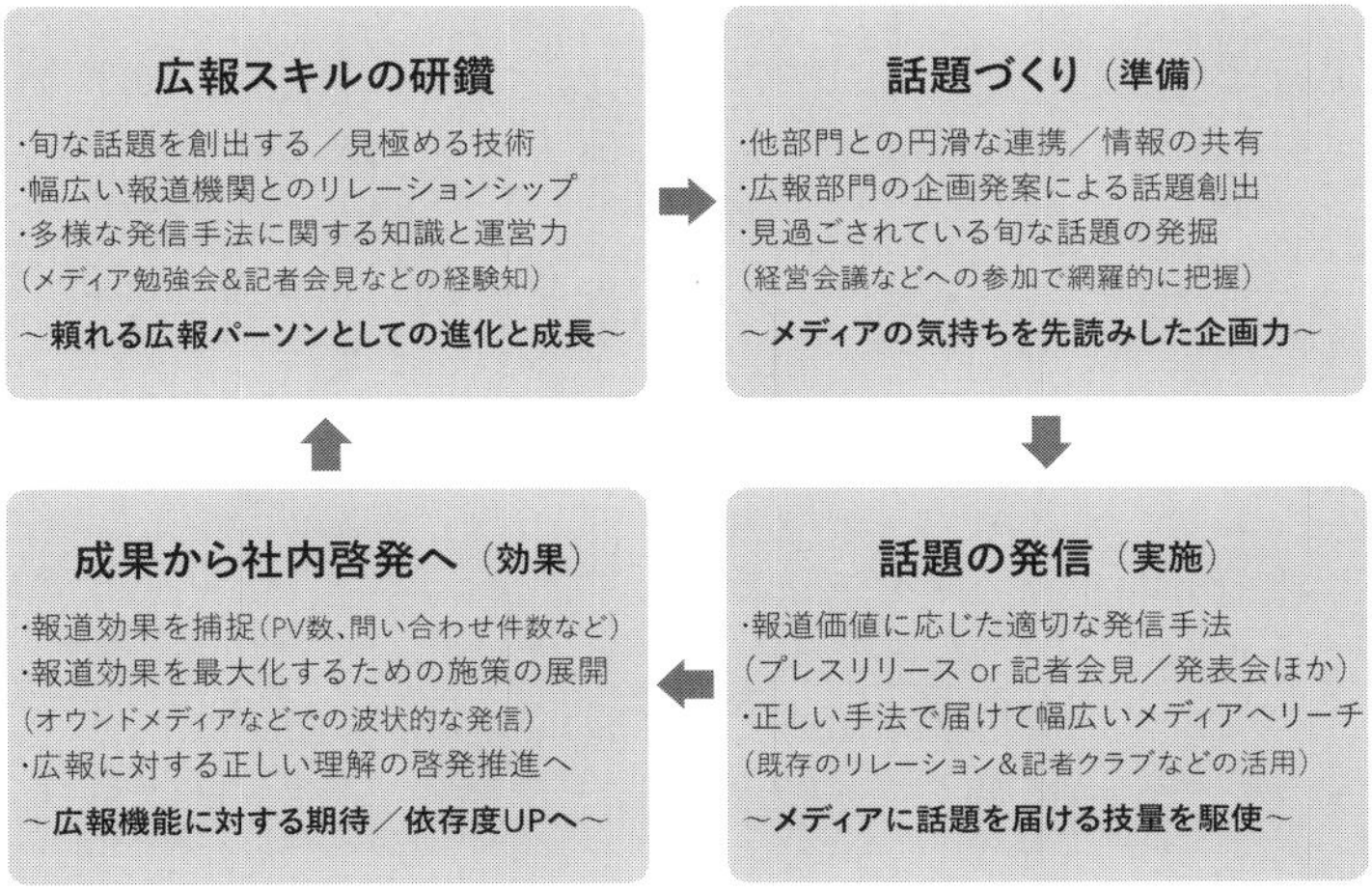
広報スキルの研鑽
・旬な話題を創出する／見極める技術
・幅広い報道機関とのリレーションシップ
・多様な発信手法に関する知識と運営力
（メディア勉強会&記者会見などの経験知）
～頼れる広報パーソンとしての進化と成長～
話題づくり（準備）
・他部門との円滑な連携／情報の共有
・広報部門の企画発案による話題創出
・見過ごされている旬な話題の発掘
（経営会議などへの参加で網羅的に把握）
～メディアの気持ちを先読みした企画力～
話題の発信（実施）
・報道価値に応じた適切な発信手法
（プレスリリース or 記者会見／発表会ほか）
・正しい手法で届けて幅広いメディアへリーチ
（既存のリレーション&記者クラブなどの活用）
～メディアに話題を届ける技量を駆使～
成果から社内啓発へ（効果）
・報道効果を捕捉（PV数、問い合わせ件数など）
・報道効果を最大化するための施策の展開
（オウンドメディアなどでの波状的な発信）
・広報に対する正しい理解の啓発推進へ
～広報機能に対する期待／依存度UPへ～

げることです。より効率よく意識啓発を行っていくために、この書籍で紹介した手法を活用して「広報レジェンド」をたくさん生み出していってほしいと願っています。このサイクルが回り始めて広報に対する正しい理解が広がっていくことで、ネタが枯渇することがない、サステナブル（持続可能）な広報活動が実現できるはずです（図表7-2）。

このサイクルが繰り返されることで、皆さんに対する期待度が高まっていくとともに、組織の中での広報部門の立場や重要度も上がっていきます。広報機能に対する信頼を得ていきながら、組織内で重要な意思決定をする場にも〝広報マインド〟を取り入れてもらえるような立ち位置を獲得していくことを期待しています。

中身がガチガチに固まった話題を広報に持ち込まれるよりも、全体のコンセプトを決める段階から関わることができたほうが、報道価値の高い話題を仕込みやすいですからね。少しずつで良いので、広報への依存度や期待度を高めていけるような成果、つまり広報レジェンドを積み重ねていきましょう。

より良い社会づくりに貢献する広報活動へ

残念なことに、この書籍を執筆している最中も、広報の知見を戦争の道具にしたり、独裁政治を維持するために利用していたりする国や地域がまだあります。これは世界大戦中の日本を含めた多くの国家で行われていたことですが、〝広報〟の悲しい側面にほかなりません。このように、私たちの活動は使い方をひとつ間違えると誤った情報を世の中に伝播させて、平和を阻害し、社会を間違った方向に導いてしまう恐ろしいツールでもあります。広報を志す方には、次に示す「パブリック・リレーションズ」の本質的な意味を正しく理解しておいてほしいと思っています。

『体系 パブリック・リレーションズ』（スコット・M・カトリップ、アレン・H・センター、グレン・M・ブルーム著／2008年9月刊行）による定義は次の通り。

パブリックリレーションズとは、組織体とその存続を左右するパブリックとの間に、相互に利益をもたらす関係性を構築し、維持するマネジメント機能である。

日本では、1969年に加固三郎氏が次のように定義しています。

PRとは、公衆の理解と支持を得るために、企業または組織体が、自己の目指す方向と誠意を、あらゆる表現手段を通じて伝え、説得し、また、同時に自己匡正（きょうせい）をはかる、継続的な対話関係である。自己の目指す方向は、公衆の利益に奉仕する精神の上に立っていなければならず、また、現実にそれを実行する活動を伴わなければならない。

※いずれも日本パブリックリレーションズ協会ウェブサイトから引用

最初のうちは、自分たちの製品やサービスを宣伝したい、メディアを使ってより多くの販売につなげたい、という動機でも良いのですが、本来の活動意義や目的は、相互に利益をもたらす関係性を構築することや、公衆の理解と支持を得ることです。

スタートアップの世界では、社会性の高いビジネスに出資をしようとする「インパクト投資」が広がり、企業活動においてもＳＤＧｓとの関連性が重要視され、自らの社会における存在意義を明確にするパーパス経営などにも多くの企業が積極的に取り組んでいます。社会課題の解決や従業員を含めた幅広いステークホルダーにとってのベネフィットを追求する経営姿勢は、パブリック・リレーションズの理念とも共通し、経営と広報との親和性は高くなっているといえます。

これからの時代の〝広報〟に求められていることは、企業姿勢を明確にして社会の共感につなげることのはずです。私も一企業の広報担当として、いま一番大切にしていることは、一つひとつの話題発信を通じたＳＤＧｓの具現化です。発信しようとしている話題には、自分たちが宣伝したいことばかりが盛り込まれていないか？　自分たちの発信内容のどこに社会にとってのベネフィットが含まれているのか？　という自問自答を常に繰り返しています。そして、こうした姿勢がより幅広いステークホルダーの興味や関心を引きつけて、その話題の報道価値を高めることにつながっていると確信しています。ぜひステークホルダーの気持ちやニーズを捉え、メディアが待っているテーマを先読みし、ＳＤＧｓの具現化を実現する話題づくりに取り組んでいただければと思います。

この書籍の編纂において、株式会社宣伝会議の上条慎さんには、草の根的な活動しかしていない私に書籍出版のお声がけをいただくとともに、稚拙な文章を手直しいただくなど、最後まできめ細やかなサポートをしていただき、本当に感謝しています。今までは講義やオンラインサロンでの発信が中心だった私の指導活動でしたが、書籍にまとめる経験は貴重な機会となっただけではなく、自分自身の考え方や過去の経験を見返すことにもつながり、暗黙知から形式知へ発展させることもできたと考えています。また、私が駆け出しの頃にお世話になった信濃毎日新聞・諏訪支社の加藤拓也さん、日本経済新聞社・松本支局の森晋也さん、世瀬周一郎さん（所属はいずれも当時）には、よちよち歩きの私を温かい目で見ていただき、この書籍の源泉になることをたくさん教えていただきました。

私が2015年4月から在籍しているアステリア株式会社の創業者であり代表取締役社長／CEOの平野洋一郎さんには、入社当初から広報の力や私が企画する試みに信頼を寄せていただき、伸び伸びと広報に取り組むことができています。経営者の理解があることで、広報の可能性はここまで大きくなるものかということも、直に体験することができ感謝しています。そのおかげでたくさんの「広報レジェンド」を生み出すことができました。また、同僚で広報・IR部の齋藤ひとみさん、さらにはいままで広報勉強会＠イフラボに参加してくださった多くの皆さんから、この書籍編纂にあたり様々なヒントをいただいたおかげで、幅広い領域の広報業務に対応する内容に仕上げることができたのではないかと思っています。本当にありがとうございました。

そして最後に、この書籍を最後まで読んでくださった皆さまに御礼申し上げます。私が若いころにしてきた苦労や回り道は、皆さんはしないで済むようにできればと思いながら書きました。これからの時代を担う若き広報パーソンの皆さまが先人の苦労はショートカットして、私たち（先人）が到達し得なかった境地を切り開いていくことを願っています。

今後の広報活動の参考となり、そして広報担当という職種の発展に寄与することができたならば、筆者にとってのこの上ない喜びです。ありがとうございました。

〈著者紹介〉
長沼 史宏（ながぬま ふみひろ）

アステリア株式会社 執行役員コミュニケーション本部長
東北大学特任准教授（客員）・コミュニケーションアドバイザー
広報勉強会@イフラボ主催者

大手メーカーで10年以上、広報・IR担当としてのキャリアを積んだ後、2015年に新興IT業界へ転身。テレワーク、LGBT、FinTechなど旬の話題に絡めたPRを通じて"お茶の間"にリーチする話題づくりで実績を重ねる。最近では、技術の普及・生態系の保全・働き方改革に取り組む各種団体で理事などを務め、社会啓発につながるPR活動も展開中。2017年1月に開講した広報勉強会@イフラボでは自らが講師として200回以上の講義を行い、約1,500人の広報担当に、"お茶の間にリーチする露出戦略から逆算した話題づくり"の極意を伝えている。2023年4月から、東北大学のコミュニケーションアドバイザーを務める。

先読み広報術
1500人が学んだPRメソッド

発行日　2023年7月20日　初版第一刷発行

著　者　長沼史宏
発行者　東 彦弥
発行所　株式会社宣伝会議
〒107-8550 東京都港区南青山3-11-13
TEL.03-3475-3010(代表)
https://www.sendenkaigi.com/

アートディレクション　加藤愛子（オフィスキントン）
印刷・製本　三松堂株式会社

ISBN978-4-88335-571-6

宣伝会議 の書籍

なぜウチより、あの店が知られているのか？
ちいさなお店のブランド学

嶋野裕介・尾上永晃 著

多くの個人や企業がネットショップやSNSを通じてビジネスする時代に不可欠となっている「SNSで注目される・知られる」ための方法とは。「客観視」のやり方や、プロがSNS発信で使うさまざまな「技」について、広告プランナーでありSNSとPRのプロである著者2人が解説する。

■本体1800円＋税　ISBN 978-4-88335-569-3

ステークホルダーを巻き込みファンをつくる！オウンドメディア進化論

平山高敏 著

BtoC、BtoB問わず、企業が注目するオウンドメディア。KIRIN公式 note立ち上げの立役者である著者が「顧客との持続的なつながり」を生むオウンドメディアの可能性を説く。多くの人を巻き込み、共創する新時代・オウンドメディア運営の教科書。

■本体2000円＋税　ISBN 978-4-88335-555-6

パーパス・ブランディング
「何をやるか？」ではなく、「なぜやるか？」から考える

齊藤三希子 著

国内外の有力企業が注目する「パーパス」について、注目される背景と日本企業が取り組む際のポイントを、ブランドコンサルティングの第一人者が記したパーパスブランディングの教科書。スターバックスコーヒージャパン・水口貴文社長のインタビューを収録。

■本体1800円＋税　ISBN 978-4-88335-520-4

メディアを動かす広報術

松林 薫 著

広報担当者は知っておきたい「記者の行動原理」。元・日経新聞記者である著者が、プレスリリースのつくり方から取材対応、リスク対応など広報全般にわたり、記者とのコミュニケーションの築き方、関係のつくり方からこれからの広報のあり方までを指南する。

■本体1800円＋税　ISBN 978-4-88335-523-5